중세의 길거리의 문화사

| 중세 서민들의 생활사, 길거리의 장사꾼 이야기 |

중세의 길거리의 문화사

양태자(비교종교학 박사) 지음

이랑
BOOKS

서민들이 살아간 풍경,
뒷골목의 문화사

흥미로운 길거리의 문화사

이 책을 집필할 무렵 필자는 잠시 독일에 체류하고 있었다. 책에 관한 자료를 더 모으고 그림을 찾기 위해서였다. 당시 필자가 체류하고 있던 곳에서 가깝다면 가깝고 멀다면 먼 베를린의 메르키셰 박물관Das Maerkisches Museum의 소장품 중에 길거리의 장사꾼에 관한 그림들이 많다는 것을 알았지만 당장 그곳으로 떠날 수는 없었다. 독일의 기차비가 한국에 비해 매우 비쌌기 때문이다. 필자가 머물고 있던 프랑크푸르트 부근 도시에서 이체ICE를 타면 베를린까지는 네 시간이 소요되고, 왕복 220유로를 1300원으로 계산하면 30만 원의 경비가 들었다. 잠시 망설이긴 했지만 결국은 2박 3일 일정으로 베를린으로 떠났고, 도보로 5분 걸리는 박물관 근처에 호텔을 잡았다. 늦은 오후에 도착했기 때문에 그날 당장 박물관에 들어갈 수 없는 것이 몹시 아쉬웠다. 필자는 내일을 기약하면서 박물관 주위를 둘러보며 사진을 찍었다.

다음날 아침 9시, 박물관 문 여는 시간에 맞춰 서둘러 도착했더니 개관 시간이 10시부터라고 했다. 이미 필자 앞에는 20명 정도의 독일 초등학생들이 선생님과 함께 박물관에 들어가기 위해 줄을 서 있었다. 시간이 되어 문이 열렸다. 필자는 천천히 한 층 한 층씩 기대를 품고 전시관을 둘러보았다. 하지만 어쩐 일인지 보고 싶었던 그림들을 찾을 수 없었다. 인내하면서 끝까지 다 둘러보았지만 어디에도 책에 실려 있는 그림들은 걸려 있지 않았다. 잘 표구된 커다란 옛 그림 안에 장사꾼들이 거리를 누비는 모습 몇 개 정도가 걸려 있을 뿐이었다. 박물관에 딸린 작은 서점에서 유사한 그림을 팔고 있는 것을 보면 예전에는 이 박물관에서 이 그림들을 전시했던 것이 분명하다. 필자는 잔뜩 실망한 채 박물관 문을 나섰다.

이번에는 베를린 그림 문서실로 향했다. 직원에게 필자가 찾는 그림을 설명했더니 잘 모르겠다고 난색을 표했다. 하지만 중세의 그림들은 보여줄 수 있다며 그녀는 필자에게 다른 그림 자료들을 건네주었다. 필요하면 사진을 찍어도 된다고 해서 몹시 기뻤다. 이 많은 자료 중에 분명 몇 장이라도 찾는 그림이 나올 것이라는 기대감 때문이었다. 하지만 2시간가량 그림을 찾고 사진을 찍었지만 필자가 찾는 그림은 나오지 않았다. 그렇다면 책에서 저자들이 언급한 그림은 대체 어디에 있단 말인가? 다시 직원에게 문의했지만 돌아오는 대답은 같았다. 자기가 보여줄 수 있는 그림은

다 보여주었다는 것이다. 비록 찾는 그림은 없었지만 다른 수확은 있었다. 계획 중인 다음 책에 들어 갈 희귀 그림들을 많이 확보할 수 있었기 때문이다. 직원에게 고맙다는 인사를 하고 문서실을 나와 터벅터벅 걸어 브란덴부르크 문으로 향했다.

예전에 베를린에 두 차례 왔을 때 미술관과 박물관을 샅샅이 살펴보았던 터라 다시 구경할 생각은 없었다. 브란덴부르크 문으로 향하는 길에 훔볼트 대학 건물을 지나게 되었다. 그 앞에서 헌책 장수들이 책을 팔고 있었다. 참새가 방앗간을 어찌 그냥 지나치겠는가? 첫 번째 눈에 띈 헌책방의 주인은 독일 할머니였다. 그녀의 좌판에 진열된 책 중 한 권이 눈에 띄었다. 바로 이 테마와 연관된 거리의 장사꾼 관련 화보집이었다. 이런 그림을 찾으러 갔다가 실망하고 나왔던 터라 더욱 반가웠다.

죽 훑어보니 그림의 출처는 좀 전에 다녀온 베를린의 메르키셰 박물관이었다. 종합적으로 유추해 보니 이 책들은 1970~1980년대에 출간된 것이었다. 당시는 이런 그림들을 박물관에서 전시했지만 지금은 박물관 어딘가로 치웠다는 결론을 내릴 수밖에 없었다. 박물관에서 성과를 거둘 수는 없었지만 헌책방에서 귀한 책 하나를 얻은 것으로 위안을 삼았다. 옆에서는 아저씨가 다른 책을 팔고 있었다. 이 서점 또한 지나칠 수 있겠는가? 이 집에서 다시 두 권의 책을 더 샀다. 그리고 브란덴부르크 문을 구경하고 돌아왔더니 거리가 금세 어둑어둑해져 있었다. 호텔로 돌아가려면 다시 훔볼트 대학 앞을 지나야만 했다. 좀 전까지 손님을 맞이했던 책장수들이 좌판을 접고 있었다.

첫 번째 할머니 책장수는 책 파는 것부터 파장까지 행동이 노련한 것을 보니 책장수의 연륜이 긴 듯했다. 그녀는 브란덴부르크 문으로 가기 전 책을 살 때 값을 좀 깎아 달라는 부탁에 "이미 깎아 줬기에 더 이상은 안 된다"며 딱 잘라서 거절했다. 그 옆의 젊은 책 장사가 그래도 1유로라도 깎아준 것과는 대조적이었다. 이들의 모습에서 몇 백 년 전의 (책)장수들의 모습이 겹쳐졌다. 지금 이들은 거리에서 장사를 하지만 저녁이 되면 진열된 책들을 정돈하고 좌판을 접어서 자동차 안으로 옮겨 놓고 있었다. 그럼 옛날에는 어떠했을까? 파장하는 모습을 상상해 보았다. 아마도 당시는 책을 수레 같은 것에 실었을 것이다. 수레가 없는 이들은 보따리로 옮기지 않았을까. 당시는 헌책 장수들이 거리에서 먹고 자고 했다는 기록이 전해진다.

우리의 지나간 길거리 문화를 떠올리다

이 주제는 꽤 오래전부터 집필할 생각을 갖고 있었다. 몇 년 전 독일 대학 도서관에서 자료를 찾던 중이었다. 특별히 그림이 많이 실린 책 한 권이 눈에 들어왔다. 500년 전, 서유럽 길거리에서 장사하던 사람들에 관한 책이었다. 이 책에는 200여 개의 그림이 실려 있을 뿐 아니라 파리, 런던, 베를린, 빈, 함부르크, 괴팅겐 등 당시 서유럽의 대도시에서 별품을 팔면서 물건을 파는 장사꾼들의 모습이 생생하게 묘사돼 있었다.

사실 이런 문화사는 서양이든 동양이든 귀퉁이 문화의 일종으로 여기기 쉽다. 관심을 가지지 않으면 자취도 없이 사라져 버리기 십상이다. 그런데도 당대의 화가와 학자들이 당시 거리의 문화를 이처럼 생생한 자취로 남겨 놓았다는 사실이 놀랍고 존경스러웠다. 이런 그림이 없이 당시 유럽인들이 거리에서 장사하는 모습을 상상해 보았는데 아무리 책을 읽어도 당시의 모습을 생생하게 떠올릴 수 없었다. 그림을 남겨 놓은 화가들 덕분에 중세 이래 거리에서 살아간 사람들의 모습을 생생하게 떠올릴 수 있으니 후대의 학자로서 고마울 뿐이다.

책에는 거리에서 대소변을 누게 하고 돈 받는 사람, 물지게를 지거나 수레를 끌고 물을 팔러 다니는 사람뿐 아니라 의자를 등에 지고 다니며 의자를 빌려주는 사람 등이 생생하게 묘사되어 있었다. 이 외에도 수백 가지 다양한 물건을 파는 장사꾼들이 책 속에서 살아 움직이고 있었다. 이들이 유럽 문화사에서 중요한 역할을 했다는 사실을 필자는 충분히 인식할 수 있었다.

도서관에서 발견한 이 책을 전부 복사할 수 없어서 책을 서점에 주문했다. 그리고 이 책을 구입한 후 더 깊은 연구에 들어가기 위하여 다른 책들도 잇달아 구입했다. 책을 읽으면서 이들이 살아간 모습을 한국에 소개하고 싶다는 갈망이 점점 커졌다. 한국 독자들이 서양의 길거리 문화사를 공유하게 된다면, 잊혀져 가고 있는 우리의 길거리 문화도 새로운 시각으로 조망할 수 있겠다는 생각이 들었다.

본문에서도 여러 차례 언급하고 비교하였지만 이들의 길거리 문화는 우리의 40년 전 길거리 모습과 너무나 흡사하다. 유럽의 오블라텐 장수들에게서 30~40년 전 우리의 밤거리에서 "찹쌀떡 사아려, 찹쌀 떠억" "메밀묵 사아려" "된장 사세요" 등을 외치는 장사꾼들의 모습을 떠올릴 수 있다. 물건을 사라고 구슬프게 외치는 목소리마저 비슷하다. 30~40년 전 우리나라에서도 "변소 치웁니다"라며 동네를 누비던 이들이 있었는데 이들과 놀랍도록 닮았다는 생각이 들었다.

얼마 전 TV에서 방영된 〈응답하라〉 시리즈가 큰 인기를 끌었다. 극 내용도 신선했지만 우리의 지나간 문화를 배경으로 하였기 때문에 더욱 향수를 불러일으켰다고 생각한다. 이처럼 우리도 거리의 문화를 후손에게 물려주어 후대에 연구할 수 있도록 해야 하지 않을까.

최근 건축에 관한 책을 소개한 TV 프로그램을 재미있게 시청한 적이 있다. 이 책의 저자의 말이 기억에 남는다. 아파트가 30년이 되었다고 헐거나 새로 짓지 말고, 보다 더 튼튼하고 견고하게 개보수해서 100~200년이 흐른 후 우리의 후세인들이 로마의 콜로세움 구경하듯 우리 아파트를 구경할 수 있게 해야 한다는 주장이었다. 독일 같은 경우는 30년 된 아파트는 아직 새 아파트에 속하고 또 그만큼 견고한 것을 보았기에 이 건축가의 주장에 필자는 깊이 공감할 수 있었다.

필자는 독일에서 1902년에 지은 집에서 산 적이 있는데 이 집은 시 문화재로 지정되어 있었다. '오래된 집은 깨끗하지 않다'는 등식이 결코 성립되지 않는다는 이야기이다. 필자가 살던 집은 관리를 잘해서 늘 깨끗했고 내부도 현대식으로 되어 있어 사는 데 불편함이 없었다. 다만 단지 외관만 늘 같은 형태와 색을 유지하면 되었다(물 위에 뜬 베네치아 도시의 집들도 외관은 낡았으나 내부는 놀랍도록 깨끗하다. 이들 역시 외관은 옛 모습을 유지해야 하지만 내부 수리는 할 수 있기 때문이다. 위에 소개했던 독일의 1902년의 집도 마찬가지이다. 외관은 집 색깔 하나, 창틀 하나 주인 마음대로 손을 댈 수 없지만 내부는 사는 데 불편함이 없었다).

　우리도 잊혀져 가는 귀퉁이 또는 길거리의 문화를 잘 남겨 놓는다면 얼마나 좋을까? 필자가 그림에 조예가 있다면 좋으련만 그렇지 못하니 누군가가 나서서 당시의 유럽 작가들처럼 지금의 문화를 그림이나 사진으로 남겨주길 바란다. 또한 독자들도 이 책을 읽고 난 뒤 현재 우리에게 주어진 다소 어수선한 이 문화 자체가 바로 내가 몸담고 있는 지금의 모습이자 후대에 전해질 역사라는 사실을 진지하게 수용하며 사랑할 수 있기를 바란다. 잘 알려진 것만이 문화가 아니라 사소하고 작은 것도 우리 문화의 자취가 될 수 있다는 것을 기억하기를 바라는 마음이다.

저자 양태자

1. 길거리의 장사꾼, 아우스루퍼

2. 이동 변소가 왔어요

3. 특정 시간에만 물건을 파는 장사꾼

4. 길거리에서 음식 파는 사람들

5. 잡화를 팝니다

6. 소금과 후추 전쟁

7. 넝마주이와 고물상

8. 거리의 매스컴, 공문을 전달하는 사람들

9. 기타 장사꾼들

10. 동물과 관련된 장사꾼

11. 런던의 길거리 장사꾼

12. 독어권 및 다른 유럽의 길거리 풍경

중세를 이해하는 첫걸음,
길거리의 장사꾼 이야기

 본격적인 서술에 앞서 오늘날의 유럽에 대해 잠깐 언급하겠다. 오늘날의 서유럽은 대체로 깨끗한 편이고 거리는 정리정돈이 잘 되어 있다. 하지만 몇 세기 전만 해도 귀족과 성직자들을 제외한 서민들 대부분은 어두컴컴하고 열악한 분위기에서 살았다. 중세의 어둡고 불결한 이미지를 만드는 데에는 이 책에 등장하는 수백 명의 거리의 장사꾼들도 한 몫을 했다. 하지만 약 200년 전부터 유럽의 거리는 서서히 정리정돈이 되어 갔으며, 그와 함께 거리의 장사꾼 역시 역사의 뒤안길로 사라졌다. 이들의 잔재는 '문화사'라는 이름으로 기록에 남아 있거나 박물관에 그림으로 전시되어 있을 뿐이다.

 당시 역사를 생동감 있게 서술하기 위해서 필자는 중세를 배경으로 한 영화 DVD 몇 편을 먼저 감상했다. 내용보다는 주위의 풍물을 눈여겨보았다. 우리도 고려 시대나 조선 시대를 배경으로 영화를 찍으면 당시의 시대상을 그대로 재현하듯이 이들도 철저한 고증으로 시대를 재현하고 있기 때문이다. 그 중에 1368년을 배경으로 하고 주인공이 마침 장사꾼의 딸인 영화가 기억에 남는다. 그들의 사는 곳은 매우 열악한 환경이었다. 집 안은 어두컴컴한 굴속 같았고, 방바닥에는 짚이 널브러져 있었다. 길거리를 유심히 보아도 마찬가지였다. 길거리에 도살장이 그대로 있었고, 돼지를 끌고 팔러 다니는 여인이 보였으며 거지들이 앉아서 구걸하고 있었다. 참으로 어둡고 침통한 분위기였다. 이 책에 나오는 대다수의 내용은 그래도 중세 후기 이후의 이야기라서 점차적으로 세련되고 정돈된 거리 풍경이 등장하니 그나마 다행이라고 해야 할까.

본문에 자세히 언급하겠지만 중세 시절에는 귀족이나 왕이 죽으면 오장육부를 분해해 묻는 경우가 많았다. 1368년을 배경으로 하는 영화에서는 주인공의 아버지가 자기가 죽으면 심장을 꺼내 산티아고 성지 부근에 묻어 달라고 유언을 하였다. 성지에 묻히면 천국에 갈 기회가 많다고 생각하는 중세 그리스도교적인 발상이 이 영화에서도 고스란히 드러난다. 실제로 아버지가 죽자 딸은 아버지의 유언을 집행하기 위해 죽은 아버지의 시체에서 심장을 꺼낸다. 시트가 피로 벌겋게 물든 장면이 화면에 비치는데 몹시 참혹했다. 대체 천국이 무엇이기에 중세 사람들이 이토록 천국을 갈구한 것일까?

길거리에서 물건을 파는 문화는 유럽에서 대부분 사라졌지만 일부 직종이 남아 있긴 하다. 꽃을 팔거나 커피를 파는 장사꾼들이다. 이 책을 집필하면서 알게 된 것은 길거리에서 물건을 파는 이런 직업이 하루아침에 생기지 않았다는 점이다. 덕분에 필자는 수세기 전의 문화사의 한 장면을 연결해 보는 눈을 키울 수 있었다.

독일 식당에서 밥을 먹고 있으면 꽃 파는 사람들이 자주 테이블 근처로 다가온다. 이들은 주로 식사하는 연인들 앞에 꽃을 내밀고 팔아 달라고 한다. 남녀가 앉아서 식사하는 곳은 어지간하면 남자가 장미꽃을 한 송이 사서 여자에게 선물한다. 사랑이 무르익은 분위기라면 더 말할 것도 없다.

필자가 마르부르크에 처음 갔을 때 일이다. 식당에만 가면 장미꽃을 파는 한 남자가 있었다. 가무잡잡한 피부색과 왜소한 체구로 보아 독일인은 아닌 듯했다. 그때가 1990년경이었다. 어느 날 독일 지인들과 그리스 식당에 갔는데 그 날도 그 남자가 우리 식탁에 꽃을 팔러 왔다. 하지만 그 날 앉은 식탁은 그런 로맨틱한 분위기가 아니었기에 거절했던 기억이 난다.

단 한 번 꽃을 산 적은 있다. 독일 은인인 클레어 박사님과 오스트리아에서 온 손님들을 모시고 어느 그리스 식당에서 식사를 하던 날이었다. 오스트리아의 알프스에서 온 부부와 두 아이 그리고 아이들의 삼촌이었던 독신인 M씨와 함께였다. 그날도 꽃 파는 남자가 우리 식탁으로 와서 꽃을 사라고 내밀었다. 함께 테이블에 앉은 독신남이 나에게 장미꽃 하나를 사 주었지만 결코 로맨틱한 분위기라서 그런 것은 아니었다. 동양 여자이고 나이가 한참 어리다 보니 그냥 장미꽃 한 송이를 나에게 사준 것이다. 어쩌면 나를 위해서라기보다는 이 남자의 꽃을 팔아주고 싶은 마음도 있지 않았을까. 장미꽃을 사준 그는 평생 수도자처럼 살았던 분이니 말이다.

많은 세월이 흐른 2012년, 독일에 다시 갔을 때였다. 어둑어둑해지는 거리에서 버스를 기다리고 있는데, 어떤 남자가 장미꽃 다발을 안고 내 앞을 지나갔다. 익숙한 얼굴이었다. 생각해 보니 20여 년 전에 레스토랑에서 장미꽃을 팔러 다니던 그 남자였다. 강산이 두 번이나 변하는 20년이 지난 지금도 그가 장미꽃 장사를 하고 있다는 것은 이 직종의 수입이 그런대로 괜찮기 때문일까. 2015년 다시 독일을 갔을 때 이런 테마로 집필을 하게 되었기에 그를 일부러 만나서 인터뷰라도 하고 싶었지만 유감스럽게도 기회를 잡지 못했다.

잠깐 부연 설명을 하자면 여기서 주로 다루는 길거리의 상인들은 아우스루퍼(거리의 장사꾼)로, 유대인들이 주로 나섰던 행상인과는 다소 다르다. 중세 이래 존재했던 장사꾼들 중 하나가 행상인이다. 그들은 전국을 누비면서 집집마다 방문해서 물건을 파는 뜨내기 장사꾼이었지만 아우스루퍼는 큰 도시의 거리에 붙박이로 살면서 물건을 파는 사람들로, 가게는 갖고 있지 않았지만 거의 고정된 자리에서 물건을 팔았다. 둘의 판매 형태가 약간 다르다는 것을 알 수 있다.

거리에서 외치면서 물건을 파는 장사꾼들에겐 행상인들이 아주 성가신 존재들이었다. 행상인들이 가지고 다니는 물건은 오래되거나 하자가 많은 게 대부분이라서 자칫 잘못하면 거리의 장사꾼들의 물건까지 도매급으로 불량품 취급을 받을 위험이 있었기 때문이다. 행상인들은 뜨내기이다 보니 그야말로 한 번 물건을 팔아버리고 나면 그만이라는 생각에 다소 무책임한 모습을 보였던 것 같다. 가끔씩 등장하는 행상인들과 거리의 장사꾼들의 작은 차이를 여기서 미리 알리고자 한다.

거리의 장사꾼들의 모습을 가장 잘 이해할 수 있는 방법은 과거의 우리나라, 그리고 현재 동남아의 거리의 모습을 상상하면 될 듯하다. 어지러운 거리에 차와 사람들이 뒤엉키어 있는 지금의 동남아 거리 풍경과 30~40년 전 우리나라 길거리의 모습, 또한 중세 이래 마차와 짐수레, 장사꾼들로 뒤엉키어 있던 파리, 런던, 함부르크, 베를린의 풍경이 비슷할 것 같다. 그런 의미에서 이 글에는 1950~1970년대의 우리 모습을 비교 차원에서 끌어넣었다.

이 글은 거리의 장사꾼들의 그림에 영감을 얻어 기록한 것이다. 그래서 뒷부분은 그림을 크게 키우고 그림 자료에 설명을 덧붙이는 식으로 서술하였다. 또한 앞부분에 쓴 글은 대부분 파리의 기록이고, 런던과 독일어권 자료는 뒤에 첨부하였음을 알린다. 한 가지 더 첨부하자면 이 책에는 '중세 시절'의 장사꾼만을 다루지 않고 중세를 훨씬 지난 시절의 이야기까지 포함하였다는 것을 밝힌다. 거리의 문화사를 보다 잘 이해하기 위해서는 중세 이후의 장사꾼 이야기를 언급할 수밖에 없었기 때문이다. 이런 배경을 이해하고 장사꾼들이 활약하던 시절로 떠나 서양 거리의 풍경과 서민의 문화사를 살펴보기를 부탁드린다.

1.
길거리의 장사꾼,
아우스루퍼

12~13세기 전후 아우스루퍼는 길거리에서 다양한 종류의 물건을 팔았으며 왕명을 받고 일반인들에게 중요한 소식을 전하는 등 여러 가지 일을 가리지 않고 했다.

그리스 로마 시대부터 기록에 존재

아우스루퍼Ausrufer는 거리의 장사꾼을 지칭하는 단어이다. 이들이 어떤 배경에서 탄생했으며 어떤 물건을 파는 사람들인지, 중세의 문화사에서 어떤 의미를 갖는지, 생소한 단어에 의문을 갖는 사람들이 많을 것이다. 이 단어를 사전적인 의미로 살펴보면 '(마을의) 보도역원, 가두 선전원, 소리치며 물건을 파는 장사꾼, 경매인'으로 풀이할 수 있다. 이 중에서 서양에서는 '소리치며 물건을 파는 장사꾼'이라는 의미로 가장 광범위하게 쓰여 왔다. 하지만 이제는 서양의 어느 곳을 가도 이런 장사꾼들을 쉽게 거리에서 만날 수 없으며, 일부러 박물관을 찾아가거나 책을 통해서만 만날 수 있을 정도로 잊혀진 존재가 되었다. 하지만 이들은 서양사에서 서민들의 생활을 언급할 때 빠질 수 없는 특별한 존재들이다.

거리에서 물건을 파는 장사꾼들은 언제부터 서양사에서 모습을 드러낸 것일까? 그리고 어떻게 이들이 거리에서 물건을 팔게 된 것일까? 서양에서는 그리스 로마 시대에 이미 거리에서 물건을 파는 장사꾼들이 존재했다고 기록에 등장한다. 당시에도 물건을 사라고 외치는 사람들 때문에 거리가 소란했다는 기록이 나오는 것을 보면 거리의 장사꾼은 서양에서 꽤 오래 전부터 모습을 드러낸 존재로 보아도 무방하다.

기록에 의하면 그리스의 도시 국가에 가을 시장이 열리면 환전소와 노예 매매소가 고정 자리를 부여받았다고 한다. 또한 꽃을 팔거나 약초를 파는 상인, 묘기를 부리는 광대들, 점치는 점쟁이들이 거리를 누비고 다녔다. 로마 시대에도 보따리장수들이 거리에서 소리 지르면서 물건을 팔았다. 특히 로마 시대에는 자신들이 장례를 치러주는 이들이라고 거리에서 소리 내어 알리고 다니는 이들이 있었다고 하니 이런 직업군은 매우 오랜 세월 동안 뿌리를 내리고 있었던 것으로 보인다. 하지만 유감스럽게도 당시의 시대상을 조명할 그림이 남아 있지 않다. 따라서 이 글에서는 선명한 자취들이 그림으로 남아 있는 중세 이후의 장사꾼들을 중심으로 거리의 문화를 조명하기로 한다.

직업군만 4000개 이상

유럽의 파리, 함부르크, 베를린의 시 자료실에는 12~13세기부터 아우스루퍼에 대한 기록이 나타난다. 당시의 화가들이 거리의 직업군을 120 종류로 분류해 그림으로 남겨 놓았을 뿐만 아니라

이들의 조직과 사회적인 위치를 상세하게 기록해 두었다. 1200년 대 영국 런던에도 많은 숫자의 아우스루퍼가 있었는데 당시 한 화가가 이들의 직업군을 200개의 그림으로 생생하게 남겨 놓았다. 1841년의 통계에 의하면 런던 길거리의 장사꾼들은 4만 명가량이었지만, 학자들은 이보다 많은 약 5만 명가량으로 어림잡고 있으니 놀라울 따름이다. 이들에 대한 그림과 기록은 여러 세대에 걸쳐 프란츠 호겐베르크Frantz Hogenberg, 존 리드게이트John Lydgate, 헨리 메이휴Henry Mayhew 등이 남겨 놓았다.

12~13세기 전후 아우스루퍼는 오늘날 사전에서 보는 의미와는 다르게 다양한 종류의 물건을 팔았고 여러 가지 일을 가리지 않고 했던 것으로 보인다. 길거리에서 장사만 한 것이 아니라 왕명을 받고 일반인들에게 중요한 소식을 전하는 사람들도 있었기 때문이다. 공적인 일을 하는 사람들은 월급을 받았으며 시에 세금을 납부했다. 이들에게서 걷은 세금이 시 재정에 큰 도움이 되었다는 것을 보면 이런 직업군들이 상당히 많았던 것으로 추측할 수 있다.

그 외에도 경찰을 대신해 공지를 전달하는 사람, 시장이 언제 열리는지 공지하는 사람 등이 거리를 누비고 다녔다. 당시는 심지어 잃어버린 아이들을 찾을 때도 거리의 가두원이 소리치고 다니면서 시민들에게 이 소식을 알렸다. 이런 거리의 모습은 당대의 시인들이나 음악가들의 귀중한 영감의 원천이 되기도 했다.

특별한 대중매체가 없던 당시를 떠올려 보면 발품 파는 이런 이들이 라디오나 TV 역할을 했다고 보아도 무방하다. 발품 파는 이

파리 등 대도시에는 중세 이전에도 거리에서
장사하는 사람들이 무척 많았다. 숫자도
많았지만 그들이 팔러 다니는 물건도 매우
다양했다

런 이들이 없었다면 공적인 소식을 전하는 데 많은 어려움이 있었을 것이다. 문화사가들은 당시 거리에서 공지를 전달하러 다니는 이들을 오늘날로 치면 '거리의 선전가'라고 평하고 있다. 당시는 교육 수준이 낮아서 글을 모르는 사람들이 대부분이었고 대중매체도 발달하지 않았기 때문에 '거리의 선전가'들은 제 역할을 톡톡히 하였을 것으로 보인다. 서민들에게는 이런 방법으로 소식을 전달하는 것이 훨씬 더 효과적이기 때문이다. 그러다 세기를 넘어오면서 신문이나 방송 등의 매체가 생겨났지만 글을 모르는 이들일수록 눈으로 읽는 것보다 귀로 직접 듣는 소식을 더 선호하기 때문에 이들은 유럽 문화사에서 큰 역할을 한 것으로 보인다.

한 가지 짚고 넘어가야 할 것이 있다. 아우스루퍼, 즉 거리의 장사꾼에 대해서 이야기하고 있지만, 당시는 뜨내기들만 거리에서 물건을 팔았던 것이 아니기 때문에 이 책에는 소규모 장사를 하는 이들의 이야기도 간혹 포함시켰다는 점이다. 소규모의 가게라고는 하지만 오늘날의 가게와는 비교가 안 될 정도로 작고 어두컴컴한 환경에서 물건을 팔았던 소규모 장사꾼들이다.

유럽 문화사의 일부를 차지

소상인들이 작은 가게를 낼 때 지켜야 할 원칙들이 자료로 남아 있다. 땅에서부터 건물의 높이가 12피트를 넘어서는 안 되고, 쌓아 놓은 물건들이 거리로 3피트 이상 나와도 안 된다는 규정들이다. 하지만 이 규정을 지키는 사람들은 거의 없었고, 대부분 물건을 바깥에 진열해 놓고 팔았다. 가게의 그림들이 지금도 남아 있는

데 사람들이 다니는 길에 물건을 쌓아 놓고 팔던 모습이 우리나라 1960년대의 시골 구멍가게와 비슷하다.

14세기 파리의 기록에 의하면 이들은 특정 장소에 모여서 장사를 하였으며 나름의 규정을 지켰다. 그 한 예로 생선가게 이야기가 전해지고 있다. 어떤 생선가게 주인이 손님에게 옆의 가게보다도 생선을 싸게 팔아서 문제가 생겼다. 이 사실을 알게 된 옆집 가게 주인이 달려와 생선을 싸게 판 주인의 멱살을 쥐고 치고받고 싸우다가 결국은 동료를 살해하는 일이 벌어졌다. 상권 경쟁이 얼마나 치열했는지 알 수 있는 기록이다. 비슷한 업종이 모여서 장사를 할 때는 가격 담합을 해야 하고 이를 어기고 혼자서 가격을 내린다든가 특정 상품을 싸게 팔아서는 안 되었던 모양이다. 뿐만 아니라 고객이 어떤 가게에 들러 이 집에서 물건을 살 것인지 말 것인지 주저하고 있을 때 옆집에서 넌지시 우리 집으로 오면 그보다 더 싸게 주겠다고 호객 행위를 하는 것도 철저히 금지되었다. 또한 같은 물건을 파는 업자끼리는 다른 사람이 파는 상품을 험담해서도 안 되었다.

이렇게 당시는 거리에서 떠돌아다니며 물건 파는 사람들과 작은 가게들이 공존했다. 점포를 가진 장사꾼보다는 거리의 장사꾼들의 숫자가 훨씬 더 많았음은 물론이다. 이들의 다양한 직업군과 삶의 모습을 통해 거리의 문화사를 구체적으로 살펴본다.

2.
이동 변소가
왔어요

'이동 변소'는 오늘날로 치면 간이 변소와 비슷하다. 용변이 급한 사람들에게 장사꾼은 자신이 들고 다니던 용변통을 제공하고 고객의 볼 일이 끝나면 돈을 받았다. 물론 이들은 용변 보는 사람을 가려주는 커다란 망토를 가지고 다녔다.

길거리에서 볼일을 보다

길거리에서 용변이 급한 사람들에게 통을 빌려주고 대소변을 누게 한 뒤 오물을 수거하는 직업이 중세에는 있었다. 좀 기이한 직업군인데, 그림의 출처가 1582년인 것을 보면 이 직업이 상당히 오래 되었다는 것을 알 수 있다. 이들은 통을 들고 길거리를 누비면서 손님들의 대소변을 받아 냈다. 용변이 급한 사람들에게 자신이 들고 다니던 통을 제공하고 고객의 볼 일이 끝나면 돈을 받는 것이다. 그리 쉬운 직업은 아니었으리라. 인간으로부터 나오는 배설물의 냄새가 얼마나 지독한가. 그나마 소변은 냄새가 좀 덜하지만 대변 냄새는 당시나 지금이나 변함없이 악취가 진동한다. 직업의 난이도가 무척 높았을 것이라는 짐작이 가능하다.

이들이 길거리에서 받아낸 오물을 구체적으로 어떻게 들고 갔으며, 또 어느 곳에 어떻게 처리했는지에 대한 자료는 상세하게 남아 있지 않다. 다만 이들이 프랑스 혁명이 일어나기 전날 밤에도 거리를 누비면서 이 장사를 했다는 기록은 전해진다.

고객이 대변을 한 번 볼 때마다 장사꾼은 4수Sous를 받았다. 당시의 돈 가치를 알 수 없으니 가격이 비싼지 싼지 가늠할 수 없다. 요즘 유럽에서 변소에 가려면 1유로를 내야 하는데 그보다는 비쌌을 것 같다. 이들은 어떻게 호객 행위를 했을까? "급히 대소변 볼 사람 없나요? 있으면 나에게 오세요!" 하면서 거리를 돌아다닌 것일까. 해질녘이면 장사꾼들도 빨리 집에 들어가야 하니 가격 떨이를 했을지도 모른다. 아니면 거리의 한 귀퉁이에서 급한 볼일 볼 사람을 하염없이 기다리고만 있었을까?

이런 장사꾼들을 문화사적인 맥락 속에 살펴보는 것은 배설이 인간의 삶에 꼭 필요한 요소 중 하나이기 때문이다. 의식주는 물론이고 먹고 자고 싸는 것도 인간의 삶이고 문화이다. 건강 때문에 일부러 단식하는 것은 문제가 아니다. 하지만 열흘가량 먹고서 싸지도 못한다면 어떻게 될 것인가? 그 답을 우리는 충분히 상상할 수 있다. 중세 유럽에서는 배설의 공간인 변소 문제를 어떻게 해결했는지 다음 글에서 좀 더 살펴본다.

서양 변소의 역사

우리나라에서도 30~40년 전까지만 해도 공공 변소가 많지 않았다. 용변이 급한 사람은 변소 찾기도 쉽지 않았으며 청결한 공간은 거의 찾을 수 없었다. 변소를 지칭하는 단어 역시 국제 공용

거리에서 용변 보는 모습을 사람들이 지켜보고 있다

어로 쓰이는 'WC(Water Closet, 수세식 변소)' 대신 시골이나 도시의 변두리에서는 '변소'나 '정낭'이라는 용어를 사용했다. 시골 변소는 자주 청소를 하지 않아서 매우 더러웠다. 변기가 가득 찼는데도 대변을 퍼내지 않아 악취가 진동하고 벌레가 들끓었지만 서로 어느 정도의 불편함을 감수하면서 그 시대를 지나온 것이 사실이다. 시간이 흐른 지금은 시골 오지에나 그런 변소가 남아 있을 뿐 이제 변소나 정낭은 우리에게도 서양에게도 잊혀진 문화의 하나가 된 지 오래이다.

WC라는 말은 언제부터 쓰게 된 것일까. 이 단어는 서양에서 도입된 것으로 그 기원은 1596년으로 거슬러 올라간다. 영국인 존 해링턴John Harington이 오물을 씻어내는 용기를 고안했지만 처음 몇 년 간은 대중의 관심을 받지 못했다. 그러다가 영국의 엘리자베스 1세(Elizabeth I, 1533~1603)가 궁전에 이 시설물을 설치하게 하여 대중적으로 알려지게 되었다. 약 200년 후인 1775년 시계공 알렉산더 커밍스Alexander Cummings가 이 모델을 개량하여 오늘날 우리가 쓰고 있는 WC의 기본 골조가 자리 잡게 되었다. 당시 호텔에서는 WC의 번호를 '00'이나 '0'으로 붙였다. 1, 2, 3으로 호텔 객실 번호를 붙이는 관행과 구분 짓기 위함이었다.

그렇다면 WC 이전의 중세 유럽의 변소는 어떤 모습이었을까? 중세 사람들에게 변소는 어떤 의미를 가진 공간이었을까? 우리가 용변을 보는 곳을 변소, 정낭, 뒷간 등 여러 가지로 표현하듯이 이들도 변소에 '비밀스런 곳' '똥 누는 곳' 등 여러 가지 이름을 붙였지만 가장 보편적인 단어는 '용변 보는 작은 공간Abort'이라는 호칭이었다.

오물과 악취로 뒤덮인 거리

앞장에 실린 그림을 자세히 보면 한 남자가 엉덩이를 깐 채 무언가를 열심히 하고 있고, 여인들은 창을 통해서 호기심에 찬 눈으로 이 남자를 엿보고 있다. 중세 유럽의 변소 풍경이다. 보안이 매우 허술하다는 것을 알 수 있다. 시골에서는 그나마도 따로 변소 공간이 없어서 밭에서 용변을 보는 일이 허다했다.

그럼 용변을 보고 나서 뒤처리는 어떻게 하였을까? 로마인들은 주로 손이나 막대기를 이용했고, 프랑스의 루이 14세(Louis XIV, 1638~1715)는 양털을, 귀족들은 아주 호화로운 천으로 뒤처리를 했다. 신분이 낮은 층에서는 마른풀, 낙엽, 이끼, 마 조각, 짚 등을 사용했다. 그러다가 신문이 발간되면서 점차 신문지를 찢어 그 대용물로 이용하기 시작했다. 불과 몇 십 년 전 한국에서도 화장지 대신 신문지를 찢어 변소에 차곡차곡 쌓아두고 사용했던 적이 있다.

요강은 우리나라에만 있는 문화인 줄 알았는데 유럽에서도 밤에 요강을 사용한 기록이 있다. 그림을 보면 한 여인이 식구들의 용변으로 가득 찬 요강을 아침나절에 창문을 통해서 버리고 있다. 문제는 요강에 가득 채운 오줌을 창밖으로 쏟다가 요강까지 떨어뜨리는 경우가 종종 일어났다는 것이다. 재수 없는 행인들은 요강에 맞아 다치는 일이 빈번했다. 특히 이런 일이 자주 일어났던 시기가 13세기였다. 작센의 제후 프리드리히 3세(Friedrich III, 1463~1525) 시절의 기록을 보면 당시 거리가 얼마나 지저분했는지 알 수 있다. 프리드리히 3세가 1483년 회의 참석차 뢰팅겐^{Rottingen}을 방문했을 때, 말을 타고 오물로 가득 찬 거리를 지나다가 타고 있던 말이 오물에 빠져 곤욕을 치렀다는 기록이 남아 있다.

당시는 공중변소는 상상할 수 없었고, 길거리에서 대소변을 누어도 크게 상관하지 않던 시대였다. 인간의 배설물뿐만 아니라 말, 돼지, 개, 양 닭의 오물도 함께 뒹굴었기 때문에 거리의 악취는 상상을 뛰어 넘었다.

길거리가 온통 오물로 가득 차서 당시 사람들은 굽 높은 신발을 신고 다닐 수밖에 없었다. 중세의 서민을 그린 그림이 하나같이 칙칙하고 어두운 것도 이런 거리 풍경과 무관하지 않다. 오물 때문에 이런저런 황당한 일이 생기자 중세 말에 이르러 시에서는 "각 집에서 나온 오물은 각자가 적절한 장소에서 처리하라"고 법을 제정하기도 했다.

밤새 식구들이
사용한 용변이
들어 있는 요강을
길거리에 버리는
여인

귀족의 변소

성에 살았던 귀족들은 서민들보다는 변소 사용에 있어 여러 가지로 형편이 나았다. 오스트리아 빈의 어느 성에 설치된 변소에 대한 기록이 전해진다. 성 안 정원에 구덩이를 2~8미터의 깊이로 파고 그 위에 나무판자 두 개를 놓아 변소로 사용했다는 기록이다. 1960년대 우리나라의 정낭과 비슷한 모양이었던 것 같다.

변소가 가득 차면 사람들은 오물을 퍼서 다른 용도로 사용했다. 당시는 구두 짓는 사람이나 가죽을 다루는 사람들이 변소 배수구 지역에 많이 모여 살았다. 변소에서 나온 소변을 가죽용 암모니아 대용으로 사용했기 때문이었다.

13세기부터 귀족들은 변소를 대저택의 외진 곳이나 성의 외곽에 설치하기 시작했다. 냄새와 위생 때문이었다. 옆의 시설물은 언뜻 보면 발코니처럼 생겼지만 사실은 저택이나 성의 한 귀퉁이에 설치했던 변소이다. 이런 변소에서 용변을 보면 배설물이 직접 거리로 떨어지는 경우도 있었고, 좀 나은 경우는 정원 쪽으로 떨어졌다. 그러다가 변소 시설이 조금씩 발전하면서 나중에는 변소 안에 길고 큰 나무통을 밑으로 달아 배설물이 땅속 지하로 빠지게 하였다. 이렇게 채워진 변기통은 1년에 한번 '저급' 직업인들이 비워냈다.

성 안의 변소가 성의 방어벽과 비슷하게 생겼기 때문에 변소에서 해프닝도 일어났다. 적들이 변소를 방어벽인줄 알고 침입한 것이다. 이와는 반대로 사람이 배설을 하지 않고는 살 수 없다는 것을 간파하고 성에 사는 귀족들이 변소에 용변을 보러 오는 시간을

기다렸다가 공격을 한 경우도 있었다. 실제로 1076년 변소에서
용변을 보던 로트링겐Niederlothringen의 제후 고트프리드 4세(Gottfried
IV, 1025/1040~1076)는 적들이 변기 밑으로 침입해 둔부를 찌르는
통에 비명횡사했다고 전해진다.

1437년에 스코틀랜드 왕 제임스 1세(James I, 1394~1437)는 그
를 죽이려고 반역자들이 성 안으로 들이닥치자 변소로 몸을 숨겼
다. 하지만 공교롭게도 바로 3일 전에 변소 바깥으로 빠지는 길을
벽으로 막은 뒤였다. 길이 막힌 걸 알아차린 그는 변소에 숨어 이
틀을 견디다가 결국은 사망했다. 왕이 변소에서 죽어간 것은 유럽
역사 속에 단 한 번 있었던 매우 기이한 사건으로 꼽힌다.

손님을 찾아가는 이동 변소

'이동 변소'는 오늘날로 치면 간이 변소와 비슷하다. 그러나 오늘날의 간이 변소가 돈 내고 들어가 스스로 용변을 해결하고 나오는 곳이라면, 중세의 그곳은 사람이 직접 대소변 통을 들고 다녔다는 차이가 있다. 스코틀랜드의 길거리에는 이동 변소 장사꾼들이 커다란 통을 끌고 다니며 갑자기 용변을 볼 손님을 찾아다녔다. 프랑크푸르트와 파리에서도 마찬가지였다.

장사꾼들 중에는 여자도 있었다. 1800년대 중반에는 여자들이 돈을 벌기 위해 변기를 들고 길거리에서 영업을 했다는 기록이 남아 있다. 특이한 복장을 한 이 여인들은 사람들이 북적거리는 곳에서 손님이 오길 기다렸다. 그냥 서 있었던 것도 아니고 "거리에서 급하게 대변 볼 손님은 이쪽으로 오세요"라고 외쳐대기까지 했다. 물론 갑자기 용변을 해결하기 위해 손님이 오면 공개된 길거리에서 변소통을 들이대진 않았다. 이들은 정해진 규칙에 의해 가리개(?)를 가지고 다녔다. 마스크를 낀 이 여인들은 뚜껑이 달린 통 두 개를 어깨에 걸치고 그 위에 망토를 걸치고 다녔는데, 손님이 오면 이 커다란 망토로 용변을 보는 손님을 가려주었다.

길거리에서 이동 변소를 이용하는 사람들은 당연히 돈을 내야 했다. 이렇게 손님을 받았던 여인들은 배설물 냄새를 줄이기 위해서 짚이나 나뭇잎 등을 섞어 그 위에 뿌리고 뚜껑을 닫았다고 한다. 손님의 배설물은 어떻게 처리했을까? 무엇보다도 냄새를 어떻게 참아냈는지 궁금하다. 돈벌이가 되는 직업이니 그냥 참았던 것일까?

인간의 생활양식이 발전하면서 변소의 모습도 더불어 변모했다. 19세기부터 앉아서 용변을 누는 좌변기가 나오자 시골에서 올라온 사람들이 진기한 변소를 구경하겠다고 몰려들어 북새통을 이루었다고 한다. 서양 중세의 변소는 우리나라 근현대의 풍경과도 매우 닮아서 놀라움을 금할 수 없다. 인류사 이래로 인간이 쏟아 놓은 배설물이 지금까지 썩지 않고 그대로 있다면 지구는 오물 냄새로 진동하겠지만, 이 오물들을 위대한 자연이 말없이 스스로 정화시켜 놓았다는 사실 또한 놀랍기 그지없다.

3.
특정 시간에만
물건을 파는 장사꾼

화주 장수들은 이른 새벽 거리에 쏟아져 나왔다. 화주를 찾는 이들은 대개 일하러 가는 노동자나 하인들이었다. 하지만 게으름을 피우거나 집에서 꾸물대는 사람들은 화주 장수를 집으로 불러들여 이른 아침부터 술을 마셨다.

밤거리의 과자 장수

오블라텐(Oblaten, 얇고 바삭하게 구운 과자)과 와플을 파는 과자류 장수들은 밤거리에서 장사를 했다. 와플은 우리에게도 잘 알려진 서양 간식이다. 오블라텐은 밀가루를 얄팍하고 둥글게 빚어 만든 과자로 우리나라의 전병과 비슷하다. 오블라텐은 밀가루에 설탕과 계란, 꿀을 섞어 만들기도 했는데 기름기가 없어서 당시 사람들은 배가 출출할 때 야식으로 많이 사 먹었다. 오블라텐을 만드는 이들은 중세 가톨릭에서 사용하는 영성체인 호스티Hostie를 제조하는 데도 관여했기 때문에 깊은 신심과 어느 정도의 종교적인 소양을 갖추어야 했으며 외모가 단정해야만 했다. 또한 종교적인 호스티를 구울 동안에는 어떤 일이 있어도 여인들이 참여할 수 없었다. 심지어 호스티 굽는 것을 여인들이 옆에서 도와주는 것도 금지했을 정도이니 어느 정도 엄격했는지 짐작이 간다. 이런 과자를 받아 파는 장사꾼들도 다른 장사꾼들과는 달리 일요일에 오블라텐을 팔러 다닐 수 없었다. 주일은 거룩하게 지내라는 종교적인 불문율을 이들에게 강요한 것 같다. 오블라텐을 주로 팔았던 이들은 우리나라에 이미 잘 알려진 와플도 함께 팔았다.

겨울철과 사육제 기간에는 오블라텐이 특히 잘 팔렸다. 겨울철에는 밤이 길어서 사람들의 배가 금세 꺼지기 때문이다. 지금도 독일(유럽)은 겨울에는 4시가 되면 어두컴컴해진다. 당시는 조명도 없던 때라 지금보다 밤이 훨씬 길었을 것이다. 이 시간 즈음 오블라텐 장수들은 언제라도 고객의 부름에 응답할 수 있도록 거리를 누비고 다녔다. 사육제 기간 동안 오블라텐이 잘 팔린 이유 중 하나는 이 기간은 아무래도 단식을 해야만 했으니 종교적인 단식용으로 이 과자가 적격이었던 이유도 있었다.

이들은 주로 저녁 먹을 시간에 거리에 나타나 늦은 밤까지 팔러 다녔다. 당시의 저녁 시간은 대개 오후 5시였지만 시대가 흐르면서 저녁 먹는 시간도 늦추어졌다. 저녁 먹는 시간이 점차 늦어지자 오블라텐 장수들의 영업시간도 자연적으로 늦추어져 밤늦게까지 거리에서 과자를 팔 수밖에 없었다.

이로 인해 위험하고 불미스러운 일들이 생겨나기 시작했다. 가장 큰 문제는 장사하기에는 거리가 너무나 어두웠다는 사실이다. 당시는 조명이 없었기 때문에 자연 조명 외에는 기댈 수 있는 불빛이 전혀 없었다. 길거리에 늦게까지 다니는 사람들도 많지 않아서 밤이 깊어지면 적막강산이나 다름 없었다. 오블라텐 파는 이들이 당시에 얼마나 다니기 힘들었을지 짐작할 수 있다. 거리에 가로등 불빛이 생겨난 시기가 유럽에서는 1667년경이라고 하니 이들이 어둠 속에서 장사하는 데 문제가 많았을 것으로 추측된다.

1667년부터 가로등이 생기면서 밤거리에서 오블라텐을 팔 때도 큰 도움이 되었다. 어떤 때는 이들이 거리에서 "오블라텐 사세요" 하고 외치면 집안에 있던 사람들이 창문을 열고 이들을 집안으로 불러들였다. 일단 집안에 발을 들여놓으면 그날 장사는 거의 매출로 이어졌다. 많은 사람들이 모여 있는 날은 더욱 횡재하는 날이었다. 특히 흥청거리는 분위기로 들떠 있는 집에 부름을 받으면 그날은 오블라텐을 거의 팔고 빈 통을 들고 돌아갈 수 있었다.

그러나 쉽게 주어지는 행운에는 그림자가 따르는 법이다. 공짜는 없다는 사실이다. 오블라텐을 떨이로 사간 고객들은 장사꾼들에게 답례를 요구했다. 바로 노래 한 곡을 뽑으라고 요구한 것이다. 문제는 노래 한 곡으로 적당히 끝나지 않았다는 사실이다. 무엇보다도 술이 원수라고, 술을 거나하게 마신 사람들이 있는 곳에서는 이런저런 불상사가 생기기 마련이다. 이들은 싸움에 휘말려 얻어 맞을 때도 많았다. 다음날 경찰에 신고해 보았자 보상을 받을 수도 없었기 때문에 부상을 입어도 하소연할 데가 없었다. 다들 먹고 살기 위한 방편으로 이런 장사에 나섰던 터라 일을 키우기 싫은 것도 한 이유였다. 그렇다 보니 울며 겨자 먹기로 울분을 참으면서 살아갈 수밖에 없었다. 집에 불려간 오블라텐 장수들이 불미스러운 일에 자주 휘말리자 거리에서 장사하던 다른 업종의 장사꾼들도 이들을 좋지 않은 눈으로 보기 시작했다. 혹시 자기들에게도 불똥이 튀어 고객이 줄어들까 봐 걱정한 것이다.

하지만 이런저런 눈치를 보면서 거리를 돌아다니면서 장사를 하였던 이들에게 나쁜 일만 있었던 것은 아니다. 어떤 날 밤에는 부유층의 살롱에 불려 들어가는 행운도 잡았다. 부잣집에 들어가 오블라텐을 많이 파는 것도 좋았지만, 평소에 들어갈 꿈도 꾸지 못하는 대저택을 구경한다는 것 자체가 이들에게는 신기하고 놀라운 일이었을 것이다. 우리도 지금 서양으로 여행을 가서 어마어마한 저택을 보게 되면 놀라는데, 당시는 오죽했을까 싶다. 스타들의 으리으리한 저택을 볼 때 눈 동그랗게 뜨고 신기하게 구경하듯 오블라텐 장수들은 자기들이 살아온 곳과는 전혀 다른 대저택에서 문화적 충격과 경외심을 느꼈던 모양이다.

그런데 이 또한 문제를 일으켰다. 대저택에 들어가 오블라텐을 팔고 집 구경도 적당히 잘 하고 나온 것으로 일단락되었으면 좋았을 텐데, 으리으리한 대저택을 구경했다고 자랑 겸 입 소문을 날리는 바람에 문제가 빚어졌다. 입소문이나 자랑이 장사꾼들끼리의 뒷담화로 그치지 않고 이를 이용해 음흉한 마음을 먹고 나쁜 쪽으로 머리를 쓴 사람들이 생겨난 것이다. 오블라텐 장수 중에는 과자를 팔러 들어가 대저택의 구조를 머리에 익힌 뒤 그 집의 물건을 훔치는 도둑이 출몰하기 시작했다. 더 나아가 도둑 단체에까지 가입한 사람들도 생겨났다. 아마도 오블라텐을 팔아 푼돈을 챙기느니 도둑질을 익혀서 한 탕 크게 챙기려는 심리가 깔려 있었던 모양이다. 하지만 대부분 뒤끝이 좋지 못했다. 이들 대부분은 결국 붙잡혀 참수를 당했기 때문이다.

오블라텐 장수는 늦은 밤거리에서
오블라텐을 팔았다. 운이 좋은 날은
고객의 집에 불려가서 많은 과자를
팔 수 있었다

1700년대 초 카르투쉬(Cartouch, 1696~1721)라는 사람의 이야기이다. 당시 파리 시민들을 두려움에 떨게 했던 이 사람은 도둑에 살인자 꼬리표를 달고 있었다. 그의 아버지가 거리에서 와인을 팔던 사람이어서 그는 어릴 때부터 거리에서 장사하는 기술을 배웠다고 한다. 하지만 그가 아버지에게 전수받은 것은 장사 수완만이 아니었다. 12세부터 도둑질을 익힌 그는 몇 년 후에는 한 강도단에 가입을 했고 들어가자마자 두각을 나타내 결국 도둑 단체의 장 자리에까지 오르게 되었다. 늦은 밤에 오블라텐 장수들이 부유층의 살롱을 드나든다는 사실을 알았던 그는 당장 오블라텐 장수들을 포섭해 그의 사업(?)에 악용했다. 하지만 그리 오래 가지 못해, 1721년 10월 15일 결국 붙잡히고 만다. 그리고 11월 26일 그는 몇 명의 동료들과 함께 수레바퀴에 돌려지며 삶을 마감했다.

이런 불미스런 일들이 벌어지자 많은 오블라텐 장수들이 야밤에 과자 팔기를 포기하기에 이르렀다. 그들 중에는 밤에는 절대로 오블라텐을 팔지 않고 오직 낮에만 팔겠다고 선언한 사람들도 있었다. 시민들 쪽에서도 마찬가지였다. 장사꾼으로 위장한 도둑이 집에 들어오는 것이 아닐까 의심이 깊어지면서 예전처럼 밤에 쉽게 과자 장수들을 집으로 부르지 않았다. 오블라텐 장수들의 수입이 점점 떨어진 것은 너무나 당연하다. 오블라텐 파는 일은 점차 돈벌이의 수단으로서 가치를 잃게 되었다.

수입이 떨어지자 오블라텐을 팔던 남성들이 떠나고 그 자리를 여자들이 채우기 시작했다. 여자들이 장사에 나서면서부터 과자의 모양도 조금씩 변하기 시작했다. 남성들이 팔던 것에 비해서 오블라텐이 조금 커진 것이다. 이것이 지금 우리나라에 들어온 와플의 원조이다. 그때 모양은 아이스크림을 담아주는 뾰족한 형태와 유사했다고 한다. 처음에는 젊고 아름다운 여인들이 와플을 팔러 다녔다. 여인들이 고객에게 아첨하고 비위를 맞추면서 와플을 많이 팔았다는 기록이 있는 것을 보면, 다소 뻣뻣했을 남자 오블라텐 장수들과는 대조적인 판매 방법이 통했던 모양이다.

파리의 오페라 코미크 단장 샤를 시몽 파바르Favart는 1758년 오블라텐과 와플 장수 들을 역사적인 직업인들로 간주하면서 이 이야기를 무대에 올리기도 했다. 와플을 팔러 나섰던 여인들의 변천사도 남아 있다. 세월이 흐르면서 초창기 와플을 팔던 아름다운 여인들이 점점 사라지고, 나중에는 나이든 이들이 장사를 하였으며 후에는 남녀노소 구별 없이 누구나 이 장사를 하기 시작했다고 한다.

여러 가지 이야기를 남긴 오블라텐 파는 직업은 유럽에서 오래된 역사를 가졌다. 13세기 파리의 한 세금 문서에도 오블라텐 장수의 기록이 남아 있기 때문이다. 1292년의 기록에 의하면 거리에 29명의 오블라텐 장수들이 존재했다.

오블라텐 장수가 되는 절차도 자세히 나와 있다. 이들은 1270년부터는 5년이란 긴 시간 동안 오블라텐 굽는 기술을 배워야 장인이 될 수 있었다. 이런 능력에 다다른 장인은 승인을 받고 매일 1000개의 오블라텐을 구울 수 있었다. 이들이 비록 거리에서 과자를 팔던 장사꾼이었을지라도 철저한 교육을 받은 전문 직업인이었다는 뜻이다. 몇 백 년이 흐른 후에도 이런 교육을 계속 받았는지에 대한 기록은 없다. 다만 종교적으로 경건한 사람들만이 이 과자를 구울 수 있다는 조건은 몇 세기가 흐른 후에도 달라지지 않았다.

새벽의 우유 장수

우리가 즐겨 마시는 우유를 파는 장수는 대부분 여자들이었다. 이들이 이른 아침 우유를 팔기 위하여 거리에 나오면 제일 처음 마주치는 사람이 간밤에 오블라텐을 팔고 집으로 돌아가는 과자 장수들이었다. 우유 파는 여자들은 대개 빨간 치마를 입고 다녔고 얼굴이 햇볕에 타서 쭈글쭈글했지만, 화가 그뢰즈Jean-Baptiste Greuze 는 이런 여인들을 실제 모습에서 벗어난 멋스러운 여인으로 포장해서 그림으로 남겼다. 그러나 실제 거리에서 우유 파는 여인들은 한 손에는 잔을 들고 다른 한 손에는 우유 주전자를 들고 거리를 누비고 다녔다. 1500년대 우유 파는 여인들은 거리에서 이렇게 외쳤다.

"품질 좋은 우유가 왔어요! 누가 이 좋은 우유를 사 가시겠어요? 유모들은 여기로 빨리 오세요, 우유 사러 빨리 나와 보세요."

당시에 인기 있는 고급 우유는 염소와 당나귀 우유였다. 특히 모든 질병에 특효약이라고 소문난 당나귀 우유는 일종의 만병통 치약으로 간주되었다.

어떤 우유 장수 여인들은 불순물을 섞어 싼 값에 우유를 팔기도 했다. 우유를 물에 희석시켜 양을 늘리거나 색이 비슷한 밀가루를 우유에 섞어서 판 것이다. 이렇게 만들어진 우유의 질이 좋지 않은 것은 너무나 당연했다. 하지만 이 여인들은 마치 질 좋은 우유인

왼쪽은 거리에서 우유를 파는
여인의 모습이다

장 밥티스트 그뢰즈의 〈우유를 나르는
여인〉. 그뢰즈가 19세기경 그린 신고전주의
화풍의 그림이다. 제목에서도 '우유를 나르는
여인'이라 하였고, 실제로도 우유 계량컵을
손에 든 그림 속 여자는 신분에 맞지 않는
우아한 옷을 입고 있다

것처럼 속이면서 천연덕스럽게 장사를 했다. 우유로 눈속임을 하는 이들이 있다 보니 우유를 정직하게 파는 여인들로서는 무척 억울했을 것이다. 이런 여인들은 거리에서 차별된 목소리로 자신 있게 외쳤다.

"우유 왔어요! 우유! 이 우유는 물을 한 방울도 섞지 않은 진짜 우유랍니다!"

사람들이 믿지 못하면 마치 금을 팔 때 보증서를 끼워주듯 자신이 파는 우유의 품질 보증서를 써주기도 했다. 음식을 가지고 장난을 치는 이들이 그때도 더러 있었다는 사실을 알 수 있다. 당시 불량식품을 어떻게 규제했는지 자료가 남아 있다. 쾰른에서는 시장 한복판에 상시로 커다란 저울을 비치해 두었다. 방금 산 물건이 눈속임을 당한 것인지 당하지 않은 것인지 판별하기 위에 이 저울 위에 물건을 올려놓고 정확히 무게를 재보라는 뜻이었다. 시장 질서를 바로잡기 위한 한 방편이었으리라.

시장 질서를 지키기 위하여 컨트롤 하는 이들도 존재했다. 예를 들어 생선 가게에서 파는 생선들이 상한 것이 아닌지 분별하기 위해 세세한 규제를 했으며 이런 방편의 하나로, 살아 있는 생선은 죽은 생선과 따로 떨어뜨려 진열해야 한다고 규정한 것이 그것이다. 또한 당시는 후추 가격이 상당히 높아서 후추에 재를 은근슬쩍 섞어 파는 사람도 있었는데 이 역시 철저하게 법으로 규제했다.

화주를 파는 남녀들

화주Brandwein 파는 장수들도 이른 새벽에 거리로 나왔다. 이른 아침은 새벽닭이 울기 전을 말한다. 이들은 이렇게 외치며 물건을 팔았다.

"화주 왔어요, 화주 왔어요. 한 잔에 단돈 1수랍니다."

1수를 1유로로 계산한다면 화주 한 잔에 1300~1500원이라는 소리이다. 우리나라에서도 역 주변이나 새벽시장 등에서 1300~1500원에 화주 한 잔을 제공한다면 술 한 잔에 일할 기운을 얻으려고 많은 사람들이 몰려오지 않을까 싶다. 장사꾼들은 허리춤에 병을 차고, 술 마실 때 필요한 잔을 손에 들고 손님을 찾아 거리를 누볐다. 남성 화주 장수들이 거리를 누비면서 장사를 했다면, 같은 장사에 나선 여성들은 구석에 작은 천막을 치고 탁자 위에 조잡스런 식탁보를 깔고 그 위에 등을 하나 세워두는 센스를 발휘하기도 했다. 식탁 위에 올려둔 잔에는 과일, 설탕, 사탕을 넣기도 했다. 여인들은 호객 행위도 남자들과 달랐다.

"여기 좋은 화주가 왔어요, 이 술을 마시면 가슴이 시원해집니다. 사탕도 공짜로 제공하니 이 술과 함께 드세요."

화주를 찾는 이들은 대개 일하러 가는 노동자나 하인들이었다. 하지만 게으름을 피우거나 집에서 꾸물대는 사람들은 화주 장수를 집으로 불러들여 술을 마셨다. 이와 관련한 재미있는 기록도 있다.

〈나는 아침에 일어나기 전에 화주 장수를 불러 한잔 마시고, 나무다발 파는 사람을 불러 집에 불을 지핀다. 저녁엔 오블라텐 장수를 집으로 부른다. 다만 오블라텐 장수를 집으로 들여놓기 전에 그를 세심하게 조사해야 한다. 혹 그가 신발 안에 사람을 해치는

화주를 파는
여인

거리에서 도수
높은 술을 파는
남자

연장이라도 넣어 왔을지 모르기 때문이다. 오블라텐 장수가 방에 들어올 때는 반드시 신발을 벗으라고 말한다.〉

우리나라에서는 집에 들어갈 때 늘 신발을 벗는 문화지만 유럽 인들은 하루 종일 집에서 신발을 신고 다닌다. 이들이 집에서 신발을 벗을 때는 잠자리에 들 때뿐이다. 오블라텐 장수들을 집으로 불러 들였는데 이들이 혹시 도둑일지도 모른다는 불안감이 이 글에 드러나 있다. 이런 글에서 볼 수 있는 것은 당시 거리의 장사꾼들이 파리 서민들의 생활과 아주 밀접하게 연결되어 있고 이 장사꾼들을 떠나서는 파리의 문화를 상상할 수 없다는 점이다.

화주 장사는 처음에는 남성의 전유물이었지만 세월이 흐르면서 점차 여자들이 이 업종에 나서기 시작했다. 그러자 화주를 팔던 남성들은 다른 품목인 감초추출액 장사로 업종을 바꾸기도 했다. 이들은 복장부터 남다르게 신경을 썼다. 헬멧을 쓰다가 나중엔 삼각모를 썼고, 멋을 낸다고 새 털 하나를 모자에 꽂고 다니는 사람도 있었다. 그리고 흰 앞치마를 두르고 허리춤에는 잔을 걸치고 거리를 다니면서 종을 흔들었다.

"이 음료는 아주 신선합니다. 마실 사람 없나요?"

이들은 날씨가 더울 때나 축제날에 특히 돈을 많이 벌었다. 가난한 이들이 목을 축이기엔 최적의 날이었기 때문이다. 일일 노동자들이 이 음료를 주로 찾았지만 아이들도 즐겨 마셨다. 음료를 주문하면 빵조각이나 과자를 서비스로 주었기 때문에 과자와 음료를 함께 먹으면 매우 달콤했다고 한다. 이들은 허리춤에 잔 두 개를 달고 다니다가 음료를 마실 고객이 나타나면 허리춤에서 빼

낸 잔에 음료를 따라주었다.

비슷한 업종으로 레몬수를 파는 사람도 있었다. 이들은 여름에는 얼음을, 겨울에는 밤알을 얹어 주었다. 당시 이런 장사꾼들은 대개는 이탈리아에서 파리로 건너온 이민자들이었는데 먹고 살기 어려워 거리의 장사꾼으로 나선 이들이었다.

이런 이야기와 더불어 다시 한 번 까마득하게 잊혀진 1960~1970년대의 한국의 상황을 더듬어 보자. 지금의 젊은 세대들은 박물관을 통해서 학습해야 할 정도로 당시의 우리의 생활상을 잘 모를 것이다. 그때는 한국이 잘살지 못하던 때이다. 먼지 덮인 허름한 구멍가게에 가면 알록달록한 과자들이 많았다. 그 중에서도 눈길을 끌었던 것은 삼각형으로 만든 비닐 주머니였다. 비닐 주머니 안에는 빨강, 파랑, 노란, 초록 등의 색을 입힌 물이 들어 있었다. 당시는 어른 아이 할 것 없이 이런 물을 잘 사 먹었다. 지금 생각해 보면 그 안에 든 것이 인체에 무해한 색소였는지, 유해한 색소였는지 알 수가 없다. 지금은 이런 것들을 만들지도 않겠지만 만들어도 식품위생위반법에 걸릴 것이다. 하지만 그때는 귀한 간식이었다.

커피 팝니다

파리에 커피가 들어온 해는 1654년으로 알려져 있다. 그로부터 20년 후 거리에는 커피 파는 사람들이 등장했다. 이들 역시 이른 아침에 거리로 나와 와인 장수들처럼 커피를 팔았다. 설탕이 흔하지 않던 시대라 설탕 대신 우유를 커피에 넣어서 먹었는데 이것이 우유커피(카페라떼)의 전신이 되었다. 주로 아침 일찍 일터로 나섰던 노동자들이 지나가면서 이 커피를 마셨다. 이를 사 먹는 것은 당시 최고의 사치에 속했다.

지금은 우리나라에도 커피 열풍이 거세게 불고 있지만, 만약에 조선 시대에도 커피가 공급되었다면 어떤 일이 벌어졌을까? 아마도 주막집에서 막걸리 한잔 걸치고 입가심으로 커피 한잔을 쭉 들이켰을 수도 있겠다. 그림을 보면 당시 커피 파는 여인들이 몸에 커피 잔을 주렁주렁 매달고 있는 것을 볼 수 있다. 그런데 아직도 이와 유사한 방법으로 커피를 파는 이들을 필자는 프랑크푸르트나 베를린에서 더러 보았다.

당시는 설탕이 귀해서 설탕 대신 우유를 커피에 넣어 먹는 사람들이 많았다

굴 사시오

굴 장수들도 해가 뜰 때쯤 파리의 거리에 나타났다. 이들이 굴 사라고 외치는 소리는 마치 종달새가 지저귀는 소리처럼 들렸다고 전해진다. 굴 장수들은 두 종류의 상품을 제공했다. 하나는 껍데기가 그대로 있는 굴이고, 다른 하나는 껍데기를 제거한 굴이다. 까놓은 굴을 가지고 다니는 이유는 거리에서 들고 다닐 때 상대적으로 무게가 가벼웠기 때문이다.

당시 파리 사람들은 굴을 상당히 좋아했다. 껍데기를 쉽게 벗기는 특수 칼로 단단한 껍데기를 벗긴 다음에 주로 날것으로 먹었고 때로는 버터와 겨자를 넣어서 그릴에 익혀 먹거나 단순하게 프라이팬에 볶아서 먹기도 했다. 그런데 사람들이 좋아하고 대중적으로 사랑받던 굴이 17세기에 들어서 갑자기 비호 식품으로 바뀌어 버렸다. 당시는 매스컴도 없었는데 어떤 방법으로 시민들에게 굴의 폐해를 전달해 그 관심을 꺾은 것일까? 방법은 단 하나이다. 바로 아우스루퍼들이 이 거리 저 거리를 돌아다니면서 거리 방송을 한 것이다.

당시 루이 13세(Louis XIII, 1601~1643)의 주치의가 어느 날 굴을 좋지 않은 음식으로 규정한 것이 발단이었다. 굴을 먹으면 소화가 되지 않을 뿐만 아니라, 우울증을 유발할 수 있다고 그는 말했다. 물론 근거 없는 말이다. 지금도 세계 각국에서 굴을 애호하는 사람들이 많지만 이들이 굴 때문에 우울증에 걸렸다는 이야기는 들어본 적이 없다. 오히려 굴은 건강을 지키는 식품으로 많은 사람들에게 사랑받고 있다. 전문가의 말이라면 무조건 따르고 보는 것은 당시나 지금이나 별반 다르지 않다. 왕의 주치의가 자기 이름을 걸고 말한 내용을 사람들은 당연히 의심 없이 따랐다. 오늘날 우리도 마찬가지이다. TV 등에서 권위 있는 사람이 나와 어떤 식재료가 좋다고 하면 다음날 그것이 품절되는 일이 빈번하게 일어난다.

왕의 주치의의 말 한마디 때문에 가족들의 생계를 책임졌던 굴 장수들은 하루아침에 큰 타격을 받았다. 굴 장수는 대다수가 남성들이었는데 이들이 굴 장수를 그만두기 시작하자 여인들이 그 자리를 이었다. 그것도 매우 아름다운 여인들이 굴 장수를 시작하였다. 이들은 아주 숙련된 솜씨로 굴을 깠다고 한다. 다행히도 사람들은 뇌리에 한번 박혔던 왕의 주치의의 경고가 점차 의식 속에서 잊히자 다시 옛날처럼 굴을 사 먹기 시작했다. 왕의 주치의의 의견과는 다르게 사람들이 수없이 굴을 먹었지만 우울증에 걸리지 않았다는 사실도 한몫을 했을 것이다. 남은 사료 하나가 이것을 증명한다. '어떤 이들은 굴 100개를 수십 번 먹어도 그것 때문에 죽지 않았다'는 내용이다.

목욕사의 종들이 거리에

새벽에 거리에 나와서 일하는 직종 중에는 목욕사의 종들도 있었다. 이들의 업무는 거리로 나가서 목욕물이 데워졌다는 것을 알리는 것이다.

"목욕물이 데워졌어요. 진짜예요. 거짓말이 아니랍니다."

가급적 한 사람이라도 더 잘 듣게 하려고 이들은 죽을힘을 다해

굴 장수들은 굴을
껍질째 가져와서
팔기도 하고,
껍데기를 벗겨낸
굴을 가져와
팔기도 했다

서 거리에서 소리를 질렀다. 당시는 목욕탕이 있었지만 24시간 돌아가는 것이 아니라, 물이 데워지는 시간이 따로 있었기 때문에 물이 데워진 목욕탕 이름을 알리면서 외쳤던 것이다. 이 소리를 들은 시민들은 목욕 바구니를 들고 목욕탕으로 향했다. 이 목욕 문화는 다른 책(『중세의 뒷골목 풍경』)에서 언급한 적이 있었기에 여기서는 생략한다. 다만 한마디 언급하자면 십자군 전쟁 이후 목욕 문화는 유럽에 유행처럼 번졌다. 그러나 목욕 문화가 너무나 사치스러워진 데다 성적인 욕구를 푸는 장소로 변질되어 문란해졌고, 마침 무서운 성병이 퍼지자 이런 직업군도 점차적으로 역사 속으로 사라지고 말았다.

환등 장수와 초 장수가 거리에 나타나다

파리나 베를린은 중세 이래 '어두운 도시'라는 소리를 자주 들었다. 오늘날처럼 전기 스위치 하나로 불을 밝힐 수 있는 시대가 아니어서 가로등에 불 밝히는 사람이 나서서 직접 거리를 밝혔다. 파리나 베를린의 환등 장수나 초 장수의 복장은 지역마다 조금씩 차이가 있다. 이들은 매일 어둑어둑해지면 거리로 나와서 40분 안에 거리의 불을 밝혀야만 했고 휴일도 없이 일했다.

환등 장수나 초 파는 사람들은 "당신의 집에 불을 밝혀 줍니다"라면서 외치고 다녔다. 이들은 대부분 혼자 다니지 않고 늠름한 종들을 대동하고 다녔는데 종들은 주인보다 몇 발자국 앞에서 걸었다. 당시는 계단이 있는 집에 불을 밝히는 것이 중요한 일 중 하나였다. 거리가 어두운 데다 치안이 좋지 않은 상태였기 때문에 어두운 집안에 들어가 컴컴한 계단을 혼자 오르는 게 불안하고 두렵다는 사람들이 많아지면서 생겨난 직업이다.

이때 종들은 계단에 불을 밝히는 것은 물론, 만약에 손님이 원한다면 손님의 방에 들어가서 불을 먼저 켜고, 손님이 더 요구하면 침실에까지 들어가 침대 밑을 샅샅이 뒤져 아무도 없다는 것을 확인해 주었다. 혹시나 도둑이 무단 침입하여 침대 밑에 숨어 있을지도 모른다는 두려움을 당시 사람들은 많이 가지고 있었던 모양이다. 종들의 역할은 오늘날의 CCTV 역할과 비슷해 보인다. 그만큼 당시 유럽의 거리에 치안 문제가 심각했다는 뜻으로 해석할 수 있다.

손님은 이들에게 적지 않은 수고비를 지불했다. 15분에 5수가 적정가였다. 돈 가치를 비교할 수 없지만 적지 않은 돈이었으리라 생각된다. 이들은 다른 역할도 종종 맡았는데 간밤에 거리에서 일어난 시끄러운 일을 기억해 두었다가 아침에 경찰서로 가서 보고하는 일이다.

어두운 밤이 무섭기 때문에 횃불 든 자를 집안에 불러 들여서 불을 밝히고 집안 구석구석의 안전을 이들에게 맡긴다면, 혹 앞의 오블라텐 장수들의 경우처럼 불상사는 없었을까? 이들도 모르는 이들의 집에 불을 밝히러 들어갔다가 견물생심이 일어나지는 않았을까? 하지만 이들이 지난밤에 일어났던 불미스런 일들을 다음날 경찰에 보고했다는 것을 보면 신분이 확실한 이들에게 이 일을 맡겼으리라는 추측이 가능하다.

"당신의 집에 불을 밝혀드립니다"
외치고 다녔던 환등 장수

4

길거리에서
음식 파는 사람들

1700년대 파리에는 물장수들이 2만 명가량 되었다. 이들은 물통을 말에 싣거나 두 바퀴 달린 수레에 얹고 다녔고, 규모가 좀 작은 장사꾼은 목에 물통을 걸고 다녔다. 강에서 떠온 새 물도 아니고 우물에서 물을 길어 팔다가 걸려 장사를 금지당하는 물장수도 있었다.

과일과 채소 사세요

과일과 채소는 주로 타지에서 건너온 물건이 많았다.

"영국에서 건너온 배 사세요."

"다마스커스에 온 자두 사세요."

"야생에서 자란 치커리 사세요!"

과일과 채소 파는 사람들이 쩌렁쩌렁한 목소리로 외치기 시작하면서부터 거리의 아침은 더욱 더 큰 소음으로 뒤엉켰다. 서로 자기 물건을 사달라고 귀청이 찢어질 정도로 외쳤기 때문이다. 이렇게 물건을 팔다가 아침 9시경이 되면 이들은 해산했다. 그 이후부터는 경찰들이 들이닥칠 수 있기 때문이다. 이런 부분도 사실 지금 우리에게 익숙한 현장이다. 가끔씩 경찰들이 노점상을 단속한다고 들이닥치면 장사하던 이들은 팔던 물건을 급하게 정리해

딸기 파는 장사꾼 옆에 관보를 알리는 남자가
지나가고 있다

"감자 사세요! 매콤한 생강쿠키도 있어요"

서 부리나케 몸을 피하는 경우가 있기 때문이다. 여기저기 잘 피해 있다가, 단속반들이 지나가면 다시 돌아와서 물건을 펼치는 거리의 상인은 지금도 우리나라 대도시에서 자주 볼 수 있다.

와인 한 잔에 1수

와인은 근사한 식당에서 비싼 음식에 곁들여 먹는 술로 생각하는 사람이 많다. 집에서 마시더라도 가급적이면 한껏 폼 나게 차린 우아한 식탁에서 와인을 마시는 경우가 대부분이다. 하지만 서양 중세 시대에는 사람들이 거리에서 와인을 사 먹었다. 거리의 와인 장수들은 시인들의 작품 테마가 되는 등 문학 작품에도 많이 등장했다. 거리에서 와인을 팔기 시작한 것은 13세기부터이다. 1415년부터는 와인 장수들이 와인만 팔지 않고 다른 여러 가지 식재료 즉 기름, 양파, 콩 등도 함께 팔았으며, 시에서 허락을 받고 부고를 알리는 일을 하기도 했다.

와인 장수들은 미각이 매우 뛰어났다. 사실 이 직종은 미각이 뛰어나지 않으면 장사를 할 수 없었을 것이다. 그날 팔 와인을 직접 미리 시식한 뒤 맛있는 와인을 골라 손님에게 팔아야만 단골을 놓치지 않을 수 있기 때문이다. 그들은 특이한 미각을 무기로 그날 팔 최고의 와인을 고른 뒤 자기 술을 자화자찬 하면서 거리에서 팔러 다녔다. 당시는 비슷한 장사꾼들이 셀 수 없이 거리를 누비고 다녔기 때문에 경쟁이 매우 치열했다. 그래서 와인 장수들은 자기들만의 독특한 멜로디를 고안해서 특정 소리로 길거리에서 외치고 다녔다. 단골들이 집에 앉아서도 그들의 목소리를 구분할 수 있게 하려는 목적이었다.

길거리에서 만나면 옷차림을 보고 알 수 있지만, 집안에 앉아 있는 고객들은 이들이 외치는 특유한 멜로디가 없다면 알아차릴 수가 없기 때문이다. 이들은 집에서 와인을 사러 뛰어 나오는 고객들에게는 와인을 공짜로 시음하게 해주었다. 공짜로 시음을 한 후에는 아마도 열 사람이면 열 모두 거절하지 못하고 와인을 사지 않았을까.

당시 유럽인들이 마시는 와인의 종류도 기록에 나와 있다. 프랑스인들이 주로 백포도주와 적포도주를 마셨다면, 독일인들은 향기가 나는 와인을 즐겨 마셨고, 영국인들은 맥주를 많이 마셨다고 한다. 우리가 일상적으로 알기에는 독일은 맥주의 나라라고 생각하지만, 몇 백 년 전에는 맥주의 나라는 독일이 아닌 영국이었다는 사실도 새롭다.

와인 장수들 중에는 공동체에서 임명한 직업인도 있었다. 이런 장사꾼들은 개인적으로 와인을 팔러 다니는 장사꾼들과는 다르게 직업인으로서 선서를 하고 서약까지 한 사람들이라서 직장인처럼 규율을 지켜야만 했다. 이들은 하루에 두 번만 거리에 나가서 와인을 팔 수 있었다. 일요일과 축제일에는 와인을 팔지 못했다. 장사를 하지 않는 날은 당연히 세금이 면제가 되었다. 이들은 하루에 4 헬러Heller를 세금으로 지불했는데 세금이 너무 많다며 왕에게 호소문을 올렸다는 기록이 남아 있다. 세금 문제는 지금이나 당시나 모든 이들에게 민감한 부분인 듯하다.

우리들의 청어 팝니다

청어를 파는 사람들의 모습은 우리나라 시골장의 생선 장수들과 흡사하다. 당시 청어는 프랑스에서도 잡혔지만 다른 나라에서 오는 것이 더 많았다.

생선 장수가 청어를 팔 때 특별히 '우리들의 청어^{Unser Hering}'라고 외치면 프랑스 자국 내에서 잡은 청어, 즉 국내산이라는 뜻이었다. 이들도 우리처럼 한국산, 중국산 등의 원산지 표시를 했던 모양이다. 청어 장수가 꼭 '우리'라는 단어를 넣은 것을 보면 당시도 원산지에 따라 가격이 달랐고, 국내산 생선이 싱싱하고 더 질이 좋았던 것 같다. 생선 장수들끼리의 경쟁은 매우 치열했다. 십자군 전쟁의 영향으로 이미 많은 상품들이 외부에서 쏟아져 들어와 있었기 때문이다.

청어 이외의 생선은 주로 노르망디에서 올라왔다. 지금 우리가 TV를 통해서 생선 경매를 보듯이, 당시 이들도 경매에 붙여진 생선을 떼와 이 거리 저 거리에서 팔았다. 신선한 생선을 파는 사람들이 가격도 싸게 매겼기 때문에 당시 파리 사람들은 늘 신선한 생선을 먹을 수 있었다. 이런 생선은 새벽 4시~아침 9시에 시민들에게 공급되었다.

비록 생선을 파는 사람들이었지만 이들은 18세기에 들어서면서 신분도 높아진 듯하다. 석탄 장수들과 생선 장수들은 도시의 큰 축제에 초대를 받아 좋은 자리에서 관람하는 영예를 누렸다고 한다. 두 직업군들이 도시의 축제에 초대되면 여인들은 여왕 쪽의 자리에 남성들은 왕 쪽의 자리에 배정을 받았다. 이것은 그리 놀

라운 일은 아니다. 이들은 언제든지 준비되어 있었으며 왕이나 왕
자에게 말을 걸어도 될 정도의 권한이 있었다고 기록되어 있다.
왕이 죽었을 때 시민들은 그들을 궁정의 장례식 대열에 세웠다고
하니 어떤 연유인지는 모르겠지만 상당한 위세를 누린 것으로 보
인다.

물이 왔습니다, 물

물을 판다는 의미는 당시 도시화가 진행되면서 깨끗한 물이 귀
해졌다는 의미로 해석할 수 있다. 유럽에서는 도시가 형성되는 13
세기 이후부터 물장수들이 등장하기 시작한다. 오늘날로 치면 공
장에서 병에 물을 넣어서 파는 것과 같은 맥락이다. 당시 사람들

은 물장수에 의존해 신선한 물을 공급받았다. 이들은 몸에 물통을 단단하게 고정시켜서 움직일 때도 물이 흔들리지 않도록 했다. 물통은 주로 너도밤나무로 만들었다.

이런 물장수가 몇 십 년 전에 우리나라에도 존재했다고 하면 지금 젊은 세대들은 믿을지 모르겠다. 1960~1970년대에는 우리나라에도 수돗물을 파는 상인이 있었다. 수레에 물통을 싣고 와 집집마다 물동이에 수돗물을 채워주고 돈을 받았다. 당시 필자의 집은 대구였다. 대구가 그리 시골이 아니었는데도 수돗물 장수들이 매일 수돗물을 들고 와서 팔았던 기억이 난다. 당시 필자의 집에는 샘이 있어서 동네 사람들 누구나 우리 집 샘물을 퍼갔다. 지금 기억에도 물은 늘 이웃과 나누어야 한다는 불문율이 있었다. 물 뜨러 오는 이웃들도 너무 이른 아침이거나 너무 늦은 저녁만 아니면 당당하게 우리 집에 드나들었다. 우리 집 역시 이들이 이웃 간의 작은 규칙만 지켜주면 샘물을 퍼가는 것을 막지 않았고 늘 샘을 이웃에게 공개해서 즐거운 마음으로 나누어 먹었다. 하지만 먹는 물만은 물 파는 상인들에게 매일 사서 먹었다.

물장수가 집집마다 수돗물을 날라주고 돈을 받은 우리의 1960~1970년대 풍경이 몇 세기 전의 중세 유럽의 모습과 겹치는 점이 재미있다. 문화권은 다르지만 어떤 유행이나 풍습 등이 생성-발전-소멸하는 모습이 비슷하다는 것도 놀랍다. 유럽의 파리, 런던, 베를린에도 도시화 과정에서 물장수가 등장했고, 우리나라에서도 도시화 과정에서 그들의 존재가 필요했다. 그리고 이런 모습은 우리보다 개발이 늦은 동남아에서 지금 나타나고 있다. 동남아 여러 국가들도 산업화가 진행되어 경제가 더 부흥하게 되면 우리처럼 이런 풍습이나 유행은 사라질 것이다. 그 다음은 다른 오지에 사는 사람들이 이 바통을 이어받을까? 이런 현상은 비단 물장수에게만 국한된 것이 아니라 다음에 소개할 여러 장사꾼들에게서도 공통적으로 나타난다.

당시 물장수들은 너무나 '가련하고 슬픈 목소리'로 물을 팔았다고 한다. 좀 더 부연하면 이들의 목소리는 처절한 고통과 깊은 고뇌에서 뿜어져 나오는 목소리였다. 물장수는 높고 깊은 톤으로 처량하게 '물Wasser!' 하고 외쳤다. 녹음기라도 있었다면 이런 목소리를 다시 들어볼 수 있을 텐데 매우 아쉽다. 이들의 목소리가 왜 그렇게 처량했는지는 알려지지 않고 있다. 이런 차별화 전략을 구사했음에도 물장수의 목소리가 시민들에게 충분하게 전달이 되지 않자, 이들은 새로운 시도로 물통에 종을 매달았다. 움직일 때마다 종을 흔들어서 그 소리로 사람들을 불러 모으겠다는 계산이다. 나중에 종을 달았다는 것을 보면 물장수의 처절한 목소리 역시 다른 거리의 장사꾼들과는 구별하기 위한 일종의 상술이었을 것이라는 생각이 든다.

이들은 세 부류로 나뉘어졌다. 말에 물통을 실어 나르거나, 두 바퀴 달린 수레에 물통을 얹고 끌고 다니거나, 목에 물통을 걸고 다녔다. 그런데 목에 물통을 걸고 다니는 소규모 물장수들은 편법을 자주 썼다. 강에서 떠온 새 물이 아니라 우물에서 물을 길어 팔다가 걸려 장사를 금지당하는 일이 종종 있었던 것이다.

물장수들에게 물을 사 먹지 못하는 사람들은 우물에서 물을 길어 먹었다. 먹을 수 있는 우물이 있는 곳은 물 뜨러 온 이들로 늘 북적였다. 우물 주위에는 늘 30~40명의 사람들이 물을 뜨려고 줄을 섰으며, 줄지어 기다리던 이들 사이에는 때때로 언쟁과 싸움이 일어났다. 이런 일이 빈번하게 발생하자 시에서는 경찰이 부여한 정식 번호표를 받은 사람만이 물을 받을 수 있게 규제를 하였다.

경찰에게 번호표를 받은 사람들은 100리터Hektoliter의 물을 떠가고 난 뒤 시에 반드시 세금을 내야 했다. 또한 어떤 일이 있더라도 밤에 물을 뜨러 가면 안 되었다. 의무도 주어졌다. 만약에 시에 화재가 일어나면 화재 진압을 위하여 잠시 소방수 역할을 해야 한다는 규정이었다.

놀라운 사실은 1700년대 파리에는 물장수들이 2000명도 아니고 2만 명가량 되었다는 사실이다. 파리의 환경이 지나치게 더러워 물이 많이 오염되었기 때문이다. 오늘날도 수돗물이 있지만 약수를 떠 오거나 패트병에 든 물을 사먹는 사람이 있는 것처럼 파리 사람도 오염된 물을 믿지 못했던 것 같다.

물장수라는 직업은 사고 팔 수 있었다. 단골손님을 몇 명 가지고 있느냐에 따라 거래 가격의 높낮이가 형성되었다. 더불어 가격 형성에 중요한 조건 하나가 있었는데, 단골들의 신분 여하에 따라 가격이 달라졌다는 점이다. 신분이 높은 이들을 고객으로 가진 물장수는 높은 가격으로 이 직업을 매매할 수 있었다.

무거운 물을 들고 높은 곳까지 배달하는 경우도 있기 때문에 건강한 몸과 든든한 체력은 필수였다. 물장수들 중에 신체 건강한 이들은 그렇지 않은 사람보다 돈을 더 많이 벌 수 있었다. 몸이 건

소규모 물장수들은 큰 물통을 짊어지고 다니며
'가련하고 슬픈 목소리'로 물을 팔았다.
규모가 큰 물장수들은 수레나 말에 물통을
싣고 다니며 물을 팔았다

강하면 무거운 물통을 거뜬하게 지고 높은 층까지 올라갈 수 있었기 때문이다. 이런저런 조건과 규정을 생각하면 그리 쉬운 직업은 아니었으리라 짐작된다.

1789년 프랑스 혁명이 일어나기 바로 전 날 저녁에는 물값이 너무 비싸다고 물장수를 고발한 시민들도 있었다. 너무 비싼 물값 때문에 파리 시민들은 런던 시민들을 매우 부러워했다고 한다. 당시 영국인들은 이미 신기술로 펌프를 놓아 물을 공급받고 있었기 때문이다.

물장수들은 일요일에 쉬었다. 그날은 끼리끼리 모여서 생선튀김을 곁들여 맥주를 거나하게 마시고 춤추러 가는 코스를 밟았다. 거나하게 취한 이들은 동료들과 자주 싸움을 했다. 다툼이 일어나면 경찰이 달려와서 이들을 즉시 감옥으로 보냈다. 2만 명의 물장수들이 파리에 있었으니 2만 명중 100명만 술에 취해도 경찰들의 발길이 바빠졌을 터이다. 문제는 경찰들이 술 취한 물장수들을 감방에 보내면 투옥된 물장수들이 오히려 좋아했다는 사실이다. 거나하게 취해서 감방으로 가게 되면 오히려 감방에서 주는 음식으로 영양섭취를 할 수 있을 뿐만 아니라 편하게 잘 수 있는 공간도 확보할 수 있었기 때문이다. 파리에 살던 2만 명의 물장수들이 매우 열악한 환경에서 살았다는 의미로 해석할 수 있다.

이들은 생수가 아닌 음료수도 팔았다. 일반인들보다는 왕과 귀족들이 이 음료수를 사 먹었다. 이들은 자신만의 레서피로 음료를 만들어 왕과 귀족들의 입을 만족시켰다. 이들의 사용했던 레서피는 수십 가지에 이르는데, 주로 열매나 곡식에서 추출한 재료 들을 사용했다.

향신료로 많은 돈 벌어

중세에는 식초와 겨자Mostrich 등의 향신료를 파는 사람들도 많았
다. 식초는 건강에 좋을 뿐만 아니라 치료의 목적으로도 쓰였기
때문에 유럽에서는 큰 인기를 누렸다. 향신료 장수들은 길드도 만
들었고 14세기에는 말린 겨자를 식초에 담가 파는 등 새로운 제조
법을 개발하여 상품 가짓수를 늘려나가며 장사 규모를 키웠다.

1650년경에는 600명이 넘는 향신료 장수들이 거리에서 장사를
했다. 향신료 장수가 파리에만 600명에 달했다는 기록을 보면 당
시에는 향신료가 물 못지않게 중요한 재료로 쓰였다는 것을 알 수
있다. 요즘도 향신료는 빠질 수 없는 식재료라 가정마다 상비해
두고 있지만 지금과 사뭇 다른 점은 당시 사람들은 거리에서 향신
료를 구입했다는 사실이다. 향신료 장수들은 비록 길거리에서 파
는 물건이지만 조합을 만들어 늘 청결에 신경을 썼다. 식재료라서
자칫 잘못하면 사고가 날 수 있기 때문이다. 향신료 장수들이 모
인 길드에서는 사고를 미연에 방지하기 위해 향신료를 팔려면 청
결한 몸 상태를 유지하고 항상 깨끗한 차림을 해야 한다는 조건을
내걸었다. 이들은 주로 머리에 빨간 모자를 쓰고 앞치마를 두른
뒤, 두 바퀴 달린 손수레를 끌고 이 거리 저 거리를 다니면서 향신
료를 팔았다.

향신료를 만들어 파는 것은 돈벌이가 쏠쏠했다. 향신료 장수들
이 향신료를 팔고 난 뒤 많은 돈을 들고 살롱으로 가서 부자를 만

향신료 장수들은 특유의 비법으로 여러 가지
향신료를 제조해 팔면서 큰 부를 누리기
시작했다

났다는 기록이 전해진다. 그들은 살롱에서 만난 부자에게 자신이 가지고 온 돈을 쏟아 보여준 뒤 자기 아들이나 딸이 부자의 자식들과 결혼할 수 있게 해달라고 졸랐다. 오늘날로 치면 부는 축적하였으나 명예가 부족하니 자식들을 통해서 신분 상승을 하고픈 욕망을 대변하고 있다.

당시 파리에서 유명세를 떨쳤던 향신료 장수의 이름은 마이유 Maille이다. 그는 처음 9가지의 향신료를 제조했지만 곧 92가지로 종류를 늘렸다. 지금도 그의 이름을 내건 향신료(소금과 와인, 향신료를 섞어 만든 디종 머스타드 및 식초)가 파리에서 팔리고 있다. 1747년부터 향신료를 만들어 판 그의 이름은 아예 상표가 되어서 1700년대 말에 이르러 마이유의 향신료는 거리를 대표하게 되었으며, 1930년 이 집안의 대가 끊기자 다른 사람의 손에 상표가 넘어갔다. 지금은 파리를 대표하는 식재료로 성장한 마이유의 향신료도 사실 거리에서 팔던 물건이었다. 이 집 향신료가 유달리 시민들의 입에 잘 맞았던 모양이다.

당시 향신료 장수들이 거리에서 외친 말들이 재미있다.

"긴 세월 동안 결혼 생활을 한 주부들에게 권합니다. 이 향신료를 사서 먹으면 당신의 처녀성이 회복될 것입니다!"

살찐 오리 팔아요

길거리에서 "오리 사세요!" 하고 온 힘을 다해 외치는 이들도 있었다. 매우 쉬워 보이는 장사지만 나름의 규칙이 있었다. 이들은 하루아침에 길거리에 나서서 오리를 팔 수는 없었다. 오리를 팔려면 매우 엄격한 견습 기간을 거쳐야 했기 때문이다. 일단 장사 수완이 좋은 여인 밑에 들어가 함께 일정 기간 다니면서 기술을 혀야 했다. 한 사람의 장인 밑에서 일대일 교습과 실습을 동시에 받은 것으로 보인다.

머리에 통을 이고
다니며 닭을 파는
닭장수

5

잡화를
팝니다

부유층이 입던 헌 옷을 개조해 들고 나올 때마다 장사꾼들은 이렇게 외쳤다. "왕족들이 입던 옷이 왔습니다." 누가 입던 옷인지 알릴수록 더 비싼 값에 팔 수 있었다. 부유층의 이름이 그 옷을 파는데 중요한 홍보 수단이 되었기 때문이다.

잡동사니 파는 행상인

행상인은 이 집 저 집 다니면서 물건을 파는 상인들이다. 이들은 거리에서 물건을 파는 장사꾼들보다는 뜨내기에 가까웠고 파는 물건의 질도 좋지 못했다. 이들은 주로 유대인들이었으며, 거리의 장사꾼들이 오로지 길거리에서 물건을 팔았던 데 비해, 행상인들은 이집 저집 직접 문을 두드리며 호객 행위를 했다는 점에서 판매 형태가 다소 달랐다. 그러다가 행상인들은 점차 거리의 장사꾼들에게 밀려나기 시작했다. 거리의 장사꾼들이 질 좋은 물건을 가지고 다닌 데 비해 행상인들의 물건의 질이 다소 떨어졌기 때문이다.

그러자 위기를 느낀 행상인들은 살아남을 방책을 만들었다. 이들은 특유의 소리나 짧은 노래를 만들어 행상인이 왔음을 알리고 다녔다. 행상인들은 유행하는 물건은 무엇이든 팔았지만 그 물건

거리에서 물건을 팔러 다니는 남자의 몸에 온갖
잡동사니가 주렁주렁 매달려 있다

이 사양길에 접어들면 곧 새로운 물건으로 품목을 즉각 바꾸는 발빠른 면도 지니고 있었다. 생활에 필요한 모든 것을 몸에 걸치고 다니면서 팔았다고 할 정도로 그들이 파는 물건에는 없는 게 없었다.

주요 품목은 장미물로 만든 비누뿐만 아니라, 여인들의 피부를 희고 창백하게 만들어 주는 화장품, 대추, 무화과, 향료, 덜 익은 포도를 짠 즙, 집안에 필요한 다양한 살림 도구들이었다. 이밖에도 나무 숟가락, 칼, 나무주걱, 절구, 버들가지로 만든 채, 베이컨, 소스 그릇이나 단지, 금이나 은을 입힌 동판화, 수염깎이, 이쑤시개, 거울, 안경 등을 망라했다. 살림살이뿐만 아니라 성물인 묵주도 팔고 수도원을 위한 종도 들고 다녔다. 그림에서도 보듯이 당시 이들은 많은 것들을 들고 다니기보다는 온 몸에 휘감고 다녔다는 표현이 더 어울린다.

헌 옷 왔어요, 헌 신발 왔어요

한 여인이 거리에서 외치고 있다. "헌 옷 왔어요! 헌 신발 왔어요!" 중고 의류를 팔았던 헌 옷 장수들이다. 옷과 신발은 인간의 삶과 동떨어질 수 없는 필수품이다. 그렇다 보니 이 직업군은 인류사와도 연관이 깊다. 이들이 옷을 팔러 다니면서 외치는 소리는 마치 가수가 천천히 노래하는 것과 유사했다고 한다. 특히 인상적인 것은 목소리를 천천히 단음으로 끌었다는 사실이다.

헌 옷 장수들은 왕족이나 귀족이 입다 버린 화려한 옷들을 사서 다시 수선해 팔았다. 헌 옷 장수들은 깨끗한 옷보다는 얼룩이 묻었거나 찢어진 부분, 혹은 땟자국이나 불에 탄 자국이 있는 옷들을 더 선호했다. 사실 옷에 땟자국이 묻으면 옷의 품격이 떨어진다. 하지만 이들은 일부러 이런 옷을 구입한 뒤 멋지게 수선하여 새로운 옷을 내놓을 수 있을 만큼 뛰어난 재주와 감각을 갖고 있었다. 이런 헌 옷을 사고파는 일에서 파리의 유행이 시작되었다고 말하는 학자들도 있다. 이들은 흠집 있는 곳에 새 천을 대고 다른 유형의 새 옷을 만들어냈다. 이들이 헌 옷을 감쪽같이 새 옷과 비슷하게, 때로는 더 뛰어나게 수선해 판다고 소문이 나자 일부러 헌 옷을 찾는 사람들도 등장했다. 그러나 교회나 시에서는 이런 옷이 유행하고 유통되는 것을 매우 못마땅해 했고 심한 비판을 가했다.

루이 14세 때는 재단사들이 늘 새 옷을 만들어야 한다는 조바심에 시달렸다. 왕이 늘 새 디자인의 새 옷만을 원했기 때문이다. 앞서 밝혔듯이 당시 귀족이나 왕족이 입는 옷은 치렁치렁한데다가 화려함이 극에 달했다. 옷을 자세히 들여다보면 천을 겹겹이 쌓고 작은 부분을 정교하게 연결시킨 솜씨가 뛰어나다. 하지만 왕족이나 부유층은 이런 옷에 금세 싫증을 내고 옷을 버렸기 때문에 그 옷은 아랫사람들에게 넘어갔다. 그리고 그 옷은 헌 옷 장수에게 넘어가 새 옷으로 재탄생되는 일련의 과정을 밟았다.

이들은 옷을 완전히 분해해서 더러운 부분은 뜯어낸 뒤 예쁜 모양을 덧붙이고 필요하다 싶으면 금이나 은장식을 달기도 했다. 다른 색으로 염색을 하여 새 옷보다도 더 아름다운 옷으로 바꾸기도 했다. 이렇게 만든 옷을 많은 이익을 남기고 주로 잘 사는 지역의 사람들에게 비싼 값에 팔았다.

당시 파리는 부유층이 사는 지역과 저소득층이 사는 지역으로 나뉘어 있었다. 부유층 지역에는 고급 언어를 쓰는 사람들이 살았고 다른 쪽은 강도와 도둑들이 쓰는 언어가 범람하는 저소득층 지역이었다. 이런 옷들이 부유층 지역에서 유행을 타는 것은 시간 문제였다.

당시 사람들이 어떤 기술로 이런 아름다운 천을 가지고 치렁치렁하고 호사스러운 옷들을 만들었을지 궁금하다. 근세에 이르러 재봉틀을 발명하기 전까지는 일일이 손으로 꿰맸을 텐데 그걸 어떻게 손바느질로 만들었는지 놀랍기만 하다. 귀족의 옷 한 벌에 얼마나 많은 사람들의 에너지가 담겼을까?

부유층이 입던 헌 옷을 개조해 들고 나올 때마다 헌 옷 장사꾼들은 이렇게 외쳤다. "왕족들이 입던 옷이 왔습니다."

누가 입던 옷인지 출처를 밝힐수록 더 비싼 값으로 팔렸다. 도시 귀족들은 이 옷들을 소유하기 위해 안달이었다. 요즘 스타 누가 입은 옷과 가방이 잘 팔리듯 부유층의 이름이 그 옷을 파는 데 중요한 홍보 수단이 되었다. 덕분에 거리의 헌 옷 장수들은 늘 부유하게 살았다. 이들의 모습은 발자크나 빅토르 위고의 소설에도 등장할 정도로 당시 파리의 한 풍경이었다.

이들은 짚으로 만든 통에 옷과 모자, 목도리 장식품 등을 넣고 집집마다 방문하기도 했고, 옷을 대여하거나 팔기도 했다. 춤추는 여인들을 고객으로 만날 때는 재수가 특히 좋은 날이었다. 그런 날은 바구니가 즉시 비었다. 다 팔았다는 뜻이다. 기록에 의하면 이런 여인들은 아주 짧은 시간에 부자가 되었다고 한다. 그만큼 지출

귀족이 입던 모자나 헌 옷을 사서 고친 뒤
비싼 값에 팔았던 헌 옷과 헌 모자 장수들.
누가 입고 쓰던 제품이냐에 따라 제품의
값도 다르게 매겨졌다

도 많았을 것이다. 헌 옷 장수들은 옷이나 모자 길드에 속하지는 않았지만 자연스럽게 이들만의 그룹을 만들어 경찰의 보호망 속에서 장사를 할 수 있었다. 아마도 특권을 누린 듯하다. 1700년 초에는 1000명 정도의 헌 옷 장수들이 거리에서 옷과 모자를 팔러 다녔다.

유행의 최전선, 가발

중세에는 옷으로 신분을 표출했다는 것을 다른 책에서 밝힌 적이 있다. 당시는 왕이나 귀족이 입는 옷 색깔, 주교나 추기경이 입는 옷 색깔, 농부들이 입는 옷 색깔이 나뉘어 있었다. 16세기까지는 규제가 잘 지켜졌지만 도시화에 따른 도시 귀족이 생기면서 여기에도 변화가 생겼다. 도시 귀족들은 상업을 통해 돈을 많이 번 신흥 귀족들로, 이들은 전통 귀족들이 입던 옷을 흉내 내어 모피와 비단으로 몸을 감쌌다. 또한 이들이 가발을 즐기다 보니 가발 장사도 성행했다. 가발은 시대마다 조금씩 유행이 달랐다.

모자에 새 깃털을 꽂을 때도 있었고, 화장한 얼굴을 아름답게 보이기 위하여 검은 색의 비단 조각을 붙일 때도 있었다. 특히 파리에서는 앙리 4세 때부터 루이 15세 때까지 가발 유행이 절정에 달했다. 가면이 유행하던 시대도 있었다는 것을 영화를 통해서 접한 사람이 있을 것이다. 이렇게 보면 유행이라는 것은 그 시대의 사람들이 좋아했던 차림이며, 유행은 고정되지 않고 계속 바뀐다는 것을 알 수 있다. 지금 조선 시대 사극을 찍으려면 조선 시대 복장을, 중세 유럽의 영화를 찍으려면 중세의 옷을 걸쳐야 하듯이, 미래에

중세에는 신분에 따라 옷차림과 색깔이 달랐다.
상업으로 돈을 많이 번 신흥 귀족들은 전통
귀족을 흉내 내어 옷의 유행을 주도하였으며,
가발 등으로 멋을 냈다

언젠가 지금의 현대 문명을 가지고 영화를 찍게 된다면 어떤 옷차림을 선보일 것인지 눈에 선하다. 가냘픈 몸매를 그대로 드러내는 몸에 딱 붙는 여성들의 옷, 그리고 넥타이를 매고 정장 차림을 한 남성들의 옷일 것이다. 그러면 후세인들은 이야기할지도 모른다. "왜 이리 딱 붙는 옷을 입었을까?" "목에 천은 왜 메고, 안경은 또 왜 이리 많이 썼을까?" 마치 우리가 모차르트 시대의 가발을 보고 의아해 하듯이 그럴지도 모른다.

화덕과 땔감, 성냥팔이

부싯돌 장수는 16세기부터 존재했다. 이름 그대로 이들은 부싯돌에 불을 일으켜 파는 장사꾼들이다. 부싯깃, 초, 발을 따뜻하게 하는 기구, 화덕을 파는 이들도 함께 다녔다. 화덕 장수와 부싯돌 장수들의 외침이 자료에 남아 있다.

화덕 장수들은 부싯돌 장수와는 달리, 나름의 음악성 있는 외침을 고안했다. 이들은 목소리를 한 번 뿜어낸 뒤 자신들의 목소리가 공기 중에 울리게 만들었다. 사실 자세히 들어보면 화덕과 별 상관이 없는 외침이다. "호! 홉! 홉! 카피! 칼랄라!" 특별히 다른 뜻이 없기에 해석할 여지가 없다. 아마도 거리의 다른 장사꾼들과 구별하기 위한 나름의 방법인 듯하다. 이런 외침을 듣는 사람들이 '화덕 장수가 왔구나!' 하고 집안에서 당장 알아차리게 만드는 일종의 신호음이었을 것이다.

부싯돌 장수들의 목소리 톤은 불이라는 단어와 연관이 있었다. 독일어로 불은 'Feuer'이다. 이들은 불의 마지막 스펠링 'r'을 길게 늘어뜨려 'rrrrrrrrrrrrrrrrrrrrrrrrrrrrrrrrrrrrr!'이라고 외쳤다. 한국말로 바꾼다면 '부울울울울울울울울울울울울울울울'쯤으로 해석할 수 있다. "지금 부싯돌 장수가 지나갑니다. 부싯돌부울울울울울울울울울울울울울을 잊지 마시오"라는 뜻이다.

성냥팔이 소년도 등장했다. 이 단어는 동화 『성냥팔이 소녀』 때문에 우리에게도 익숙하다. 이들 역시 일정한 음역을 가지고 호객 행위를 하였다. 성냥팔이가 외치는 소리는 다음과 같았다.

"나는 성냥팔이요, 신사 숙녀 여러분! 내가 이렇게 좋은 성냥을 가지고 왔으니 내 성냥을 사는 게 어떻겠소? 나는 이 성냥을 떨이로 여러분에게 2수에 팔려고 하오. 신사 숙녀 여러분, 성냥불 팔아요! 이렇게 환한 불을 켤 수 있는 성냥을 나와서 구경하시오, 구경을! 나는 이 성냥을 여러분에게 2수에 팔겠소. 정말 불이 잘 붙는지 어떤지를 알아야 하지 않겠소! 알고 싶은 이들은 나와서 직접 실험하고 불이 잘 탄다는 것을 확인한 뒤 사시오, 사! 그러니 이리로 오시오! 와요! 이것을 실험하러 오시오! 여기 와서 실험하면 다 성공할 것이오! 나는 장담합니다."

이렇게 외치면서 거리를 다녔으니 이런 소리를 들은 사람들로서는 성냥불이 꼭 필요하지 않더라도 호기심과 궁금함에 거리로 쏟아져 나왔을 것 같다. 오늘날도 불을 지피는 데 성냥이 필요하긴 하지만 당시는 성냥이 오늘날의 전기 스위치 역할까지 하였기에 매우 중요한 도구였다.

한편 유럽에서는 16세기부터 석탄과 역청탄을 사용하기 시작했다. 부자들이 석탄을 사용했다면, 가난한 이들은 무두질용 수피

땔감으로 쓰는
나무는 무거웠기
때문에 남자들이
주로 팔았다

그러나 가끔은 여인들도 산에서 해온 나무를
시내로 가지고 와 팔았다. 가족의 생계를 등에
짊어진 여인들의 삶의 무게가 고단해 보인다

(樹皮)를 연료로 사용했다. 당시는 석탄이 너무 비쌌기 때문이다. 석탄은 오늘날로 따지면 석유로, 무두질용 수피는 연탄의 관계쯤 될 것이다. 석탄은 장사꾼들이 집까지 배달해 주었다. 연탄을 집까지 배달해 주던 우리의 과거 모습이 떠오른다.

그러다 겨울이 서서히 다가오면 다른 땔감이 거리에 나타났다. 바로 나무였다. 이 중에서도 섶나무 다발은 이미 16세기부터 거리에 나왔다는 기록이 있다. 섶나무 다발은 작게 만들거나 중간 정도의 크기로 만들어 팔았다. 당시는 한꺼번에 너무 많은 양을 팔아서도 안 되었고 큰 다발을 만들지 못하도록 엄하게 규제했다. 모든 나무 다발은 100개 정도만 묶어 팔 수 있었다. 그 외에도 금지사항이 있다. 1000다발 이상을 자기 집에 여유분으로 갖고 있는 것도 법으로 금지했다. 겨울 땔감이 누구에게나 골고루 분배될 수 있도록 하기 위한 방책인 듯하다. 나무 땔감이 상당히 귀했다는 것을 짐작할 수 있다.

솔 왔어요, 솔

솔로 만든 빗자루나 장식을 파는 장수들은 솔 말고도 생활에 꼭 필요한 베갯잇이나 머리 수건 등을 함께 가지고 다녔다. 이들은 집집마다 방문해서 판매할 수 없었고, 물건을 한꺼번에 싸게 팔 수 없었다. 하지만 이런 규정을 은근슬쩍 비켜갈 수는 있었다. 이런 물건들은 중세 이래 생활에 꼭 필요한 물건들이었기 때문에 찾는 사람들이 많았던 데다 대부분 대를 이어 장사를 했기 때문에 이미 윗대부터 단골을 확보했던 까닭이다. 그렇다 보니 대를 이어

위의 남자는 온 몸에 솔을 매달고 거리에서 장사를 하고
있다. 아래 남자는 군복을 입은 채 물건을 팔고 있다. 당시
군인의 월급이 밀릴 때가 많아서 휴가 나온 군인들이 거리의
장사꾼으로 나서는 경우가 많았다

장사를 물려받은 이들이 암암리에 고객들에게 물건을 대량으로 팔고 깎아주는 행위를 반복했다. 고객들은 어쨌든 장사꾼들로부터 물건을 싸게 사면 이득이기 때문에 굳이 나서서 고발하는 경우도 없었다. 무엇보다도 이런 것을 누가 나서서 일일이 단속했겠는가? 다만 규정이 그러했을 뿐이다.

솔로 만든 빗자루를 파는 장사꾼이 어깨에 주렁주렁 달고 있는 것은 솔로 만든 빗자루이다. 이런 장사꾼들은 유럽에서도 특히 베를린의 빌헬름 광장에서 자주 마주칠 수 있었다. 그런데 그림의 남자가 군복으로 연상되는 옷을 걸친 이유는 무엇일까. 당시 군인들은 4개월간 휴가를 즐길 수 있었다. 문제는 돈 한 푼 주지 않고 휴가를 내보내는 경우가 많았다는 점이다. 그 때문에 휴가 나온 군인들은 돈을 벌기 위해 군인 복장 그대로 솔 빗자루를 팔러 나선 경우가 종종 있었다고 한다. 이들 중에는 상품을 팔기만 한 게 아니라 직접 상품을 만드는 사람도 있었다.

털 장수

집토끼 털을 파는 장사꾼도 오랫동안 전성기를 누렸다. 요리사들이 집토끼고기를 선호해 많이 잡다 보니 상대적으로 집토끼 털이 시중에 많이 나왔던 것이다. 털 장수들이 거리에 나타날 때는 털을 가득 채운 자루를 등에 걸치고 나왔다. 그들을 멀리서 보면 머리도 팔도 잘 보이지 않을 정도로 온 몸이 털로 가득했다. 이들 역시 다른 장사꾼들에게 질세라 고래고래 소리를 질렀지만 고함 소리에 이들이 왔다는 사실을 알기보다는 냄새로 알아차리는 경우가 더 많았다. 이들은 늘 칼을 자루에 넣어 다녔다. 길거리에 돌아다니는 고양이를 거세하기 위해서였다. 얼마나 많은 고양이를 거세했는지 다음과 같은 기록이 지금도 남아 있다. "지붕 위로 도망간 고양이 빼고는 다 거세해 버렸다."

놀라운 사실은 이들이 돈을 많이 버는 알부자라서 함부로 무시할 수 없었다는 점이다. 이들이 살고 있는 집도 호화로웠다고 한다. 아마도 돈 벌이가 상당한 직업이었던 모양이다. 앞에 소개한 향신료 장수들처럼, 이들 역시 이런 직업을 통해서 부를 축적하고

온갖 잡동사니를
팔러 다니는 사람

부유층과 사돈을 맺어 신분을 올리고자 하는 욕구가 있었다. 돈을 매개로 더 나은 대접을 받고자 하는 바람은 옛날이나 지금이나 별다를 바 없는 듯하다.

우산 팝니다

지금도 마찬가지지만, 당시도 비가 오는 날에는 우산 장수가 거리로 나왔다. 이들은 날씨가 흐려지기만 하면 귀신같이 알아차리고 우산을 들고 나와 이 거리 저 거리에서 팔았다. 불과 몇 십 년 전까지만 해도 우리에게 익숙한 풍경이다. 단지 당시의 우산 모양이 지금의 우산과 어떻게 다른지, 또 어떤 재료로 만들었을지 궁금할 따름이다.

먼지 터는 빗자루 팔아요

빗자루 장수는 인류사에서 가장 오래된 거리의 장사꾼라고 학자들은 입을 모은다. 빗자루는 집을 쓸고 정리하는 데 반드시 필요한 물품이니 그 역사가 깊은 게 당연하다. 동심초를 재료로 빗자루를 만든 사람에 대한 이야기가 기록에 실려 있어 소개한다. 이들의 외침은 시대상을 재미있게 반영하고 있다.

"빗자루 사시오! 빗자루! 이 빗자루를 사서 지금 당장 집안을 깨끗하게 청소하시오. 이 빗자루로 말 안 듣는 아내도 늘씬하게 팰 수 있소! 물론 당연히 양탄자 청소할 때도 양탄자를 늘씬하게 두드려 패서 먼지를 털어낼 수 있소!"

이렇게 호객 행위를 했던 한 늙은 유대인이 거리에서 얻어맞은

"털 빗자루
사세요"

뒤로 빗자루 장수들은 입을 함부로 놀리지 않고 조심조심 하며 물
건을 팔았다고 한다. 이 장사꾼들의 목소리는 19세기까지도 거리
에서 들을 수 있었다. 이들이 팔았던 여러 종류의 빗자루가 기록
에 남아 있다. 재료는 동심초, 금작화 속, 가시털, 깃털, 갈대술 등
다양했는데 가장 인기를 끈 것은 자작나무로 만든 빗자루였다.

고무줄 사시오

고무줄을 파는 장수들은 거리에서 "내가 다시 왔소! 내가 다시
왔소! 이런 고무줄은 다른 어느느느느느느느곳에서도 살 수 없
소"하고 외치며 고무줄을 팔았다. 원문의 단어를 번역하면 "느느
느느느느느" 부분이 길게 늘어져서 이처럼 번역을 해보았다. 이런

고무줄 장수들.
아래 남자는
성물인 묵주도
함께 팔았다

96

문장에서 눈치챌 수 있는 것은 이들이 다른 장사꾼들의 목소리나 발성, 고조와는 다른, 자신들만의 차별화 전략을 내세웠다는 점이다. 재미있는 기록도 있다. 어떤 장사꾼이든 모두 내 물건을 사달라고 소리치자, 일부 고무줄 장수들은 그 반대로 물건을 팔았다는 것이다.

"내 고무줄을 사지 마시오. 난 누구에게도 내 고무줄을 팔 생각이 없다오."

언젠가 맛집이 즐비한 거리에 있는 한 식당에서 재미있는 글귀를 써 붙였던 것이 기억에 남는다. '우리 식당은 방송에 나오지 않은 집'이라는 팻말이었다. 방송에 너무나 많은 식당들이 소개되자 이 집은 오히려 이런 방법으로 차별화를 시켰다. 그러고 보면 고무줄 장수도 차별화된 상술의 하나로 이렇게 호객 행위를 했을 듯하다.

예뻐지고 싶은 여인들은 장미물을 사세요

유럽인들은 동양인들에 비해서 피부가 희다. 그런데도 흰 피부를 더욱 희게 보이고자 안간힘을 썼다. 화장품이 발달하지 않았던 당시에 이들이 고안해낸 것이 장미잎을 훈증해 원액으로 만든 장미물이다. 여인들은 장미물로 창백한 피부를 더욱 창백하게 만들었다. 장미 화장수를 팔러 다닌 사람들은 거리에서 이렇게 외쳤다.

"여인들이여! 이 장미물을 사용해 보시오! 장미물을 사용하면 그대들의 흰 얼굴이 더욱 창백해진다오!"

아마도 당시는 흰 피부에 창백한 아름다움이 더해지는 것을 아름다움의 척도로 여긴 듯하다. 잠깐 덧붙이자면 중세에 화장품으로 빠지지 않았던 것이 탈지면이다. 탈지면은 오늘날은 대개 소독약을 쓸 때 함께 쓰지만 당시는 좀 다른 용도였다.

"탈지면 사시오! 여인들이여! 이 탈지면이 당신들의 뺨을 아주 붉게 만들어 줄 수 있다오!"

솜 자체로 뺨을 붉게 만들었다기보다는 탈지면에 무언가를 묻혀서 뺨에 발랐으리라. 일종의 솔 역할인 듯하다. 당시의 상황을 종합해 보면 하얗고 창백한 얼굴에, 뺨에는 붉은 기운이 도는 여인을 미인으로 꼽았고 그런 얼굴을 만들어줄 화장품이 유행했음을 알 수 있다. 중세 유럽 귀족 여인들을 그린 그림에도 창백한 피부와 홍조를 띤 뺨을 지닌 모습을 많이 볼 수 있다.

유리로 된 제품은
깨질 위험이 많아서
늘 조심해야 했다

목청 큰 유리그릇 장수

유리그릇 장수들의 외침은 지나치게 우렁차서 창문이 흔들릴 정도였다. 아무리 소리가 크다 한들 창문이 실제로 흔들렸겠는가? 그만큼 소리가 컸다는 의미도 있겠으나 당시 창문이 오늘날처럼 단단하지 않았다는 뜻이기도 하다. 이들은 거리에서 부르짖는 외침의 반은 소리로 전달했고, 나머지 반은 노래로 불렀다. 그래서 창문이 흔들렸을지도 모른다.

유리그릇이 들어 있는 바구니를 목에 걸거나 등에 지고 다녔던 이들은 늘 둘이 함께 다녔다고 한다. 아마도 유리그릇이다 보니 깨질 우려가 있어서 그렇게 다닌 것은 아닐까 짐작한다. 이들은 공동체 생활을 좋아해서 저녁에 일과가 끝나면 여러 명이 함께 모여 살았다. 시골에서 도시로 돈 벌러 온 젊은이들이 여기에 많이 합세했다. 이들은 장사를 좀 해보다가 이런 생활을 견디지 못하고 다시 고향으로 돌아가는 경우가 많았다. 돌아간 이들은 고향에서 대개는 염소 돌보는 마을 처녀들과 결혼을 했다. 1960~1970년대 돈 벌러 대도시, 특히 서울로 많이 상경했던 우리 시골 청년들의 풍경이 여기에 겹쳐진다.

유리그릇 장수들이 거리에서 물건을 팔 때 가장 귀찮은 훼방꾼은 사람이 아니라 자연 현상이었다. 비가 오거나 바람이 몰아치고 우박이라도 내리면 그렇지 않아도 무겁게 등에 진 유리그릇이 훨씬 더 무거워졌기 때문이다. 깨질지도 모르니 얼마나 조심해야 했겠는가.

"질 좋은 테이블 바구니 사세요"
바구니 파는 사람들

바구니와 양탄자 장수

바구니 장수들은 아침부터 저녁까지 등에 엄청난 무게의 바구니를 짊어지고 다녔다. 설명하기보다는 그림을 통해서 보자. 과장이 좀 섞였겠지만 들고 다니는 상품이 어마어마하다는 것을 알 수 있다. 나무로 직접 만든 생활용품을 팔러 다니는 여인들은 주로 부엌용품을 팔았다.

예전에 우리나라에서도 여인들이 바구니를 짜서 시골장에 내다 파는 경우가 종종 있었다. 중세 이래 유럽의 사람들도 마찬가지였다. 나무가 많은 지방에서 바구니를 팔면 별 소득이 없기 때문에 나무를 구할 수 없는 대도시로 나와서 이 거리 저 거리를 다니면서 나무 바구니를 팔았다. 하지만 이런 장사꾼들이 도시로 너무 많이 몰려오자 1700년대부터 자기 지역에서 만든 물건은 자기 지역에서만 팔아야만 한다는 법이 생기기도 했다. 하지만 이들을 일일이 규제하는 게 가능했는지는 알 수 없다.

이밖에도 양탄자 장수들은 일주일 내내 거리에서 양탄자를 팔았지만 금요일과 일요일 이틀은 아무 집이나 방문해서 양탄자를 팔 수 있었다고 한다. 또한 시에서 큰 시장이 열릴 때는 특별히 양탄자를 팔 수 있는 허락을 시로부터 받았다.

6

소금과
후추 전쟁

영주들은 소금 장수들이 자기 영토를 통과할 때 평평하게 잘 닦인 길을 제공해 주고 도둑들의 피해를 입지 않도록 제도적인 장치를 마련해 주는 대신 이들에게 세금을 걷었다. 이른바 '소금길'인데, 이를 통해 영주들은 막대한 부를 축적할 수 있었다.

소금의 역사

소금은 인간생활에 물과 공기처럼 없어서는 안 될 중요한 것이다. 음식의 간을 맞출 때도 필요하지만 고기를 염장할 때나 시신의 방부제로도 소금은 꼭 필요하다. 고대 이집트에서 미라를 만들 때 소금을 사용했다는 것은 잘 알려진 사실이다.

1300년대 소금 장수들은 소금을 팔았을 뿐만 아니라 왕이 죽으면 그 시신을 어깨에 메고 왕이 묻힐 교회 안까지 옮기는 우선권이라고 해야 할지 특권이라고 해야 할지 모르겠으나 특별한 권리를 부여 받았다. 왕의 시신을 옮긴 후 이들은 시신을 자르고, 삶은 뒤 소금으로 염장하는 일까지 맡았다. 프랑스의 왕 필리프 5세(Philip V, 1293~1322)와 필리프 6세(Philip VI of Valois, the Fortunate, 1293~1350)가 여기에 해당된다.

좀 더 구체적으로 보면 당시는 심장과 다른 장기 그리고 머리를 따로 떼어내어 매장을 하였다. 이런 매장법은 1600년대까지 지속되었는데 신분이 높으면 높을수록 심장과 다른 장기를 꺼내어 따로 묻는 경우가 많았다.

시신을 삶아서 뼈를 추려 내기도 했다. 특히 전쟁에 참가했다가 타지에서 죽게 되었을 때 자주 이용했던 방법이다. 교통이 발달하지 않은 당시, 이 방법을 쓰지 않으면 멀리 떨어진 고향으로 시신을 옮길 수 없었던 것이다. 시신의 부패를 방지하기 위한 어쩔 수 없는 선택이었으리라.

로타르 3세(Lothar Ⅲ, 1125~1137)는 1137년 12월 3일 타지에서 죽었는데 거의 한 달이 걸린 이동 경로 끝에 12월 31일 로마의 황제 교회에 안치되었다. 1190년에 죽은 프리드리히 1세(Friedrich Ⅰ, 1120~1190)도 십자군 전쟁 중에 죽었는데 그의 시신 역시 이런 절차와 방법으로 묻혔다.

1299년에 이르러 교황 보니파시오 8세(Bonifacius Ⅷ, 재위 1294~1303)가 이런 장례 절차를 금지시켰지만 귀족층에서는 여전히 심장과 다른 장기, 머리를 분리하여 장례를 치렀다. 여러 번 말하지만 이런 방법은 오늘날 같으면 죽은 자에 대한 부당한 예우로 해석할 수 있지만, 당시는 시신 이동 중 생기는 부패를 방지하기 위한 고육지책이었다.

오스트리아의 잘츠부르크에서는 대주교가 죽으면 먼저 시체를 따뜻한 와인에 담그고, 그 다음 장기를 꺼내 분리한 뒤 시신에 향유를 발랐다. 그리고 주교들의 장기는 각각 다른 교회 여러 곳에 묻었다. 그 때문에 유럽에는 성인 성녀의 성지나 장지가 한 곳에 있지 않고 여러 곳에 흩어져 있다. 성인의 유해 일부를 받은 교회들이 각각 장례를 치르고 유해 일부를 저마다 다른 장소에 묻었기 때문이다.

그러면 이처럼 중요한 소금을 파는 소금 장수들의 물건 파는 소리는 어떠했을까. 소금 장수의 소리는 고음이 아닌 저음에서 나오는 찢어진 소리였다고 한다. 사실 당시는 서로 자기 물건을 많이 팔려고 고음으로 외쳤기 때문에 소금 장수처럼 저음으로 외치면 오히려 사람들의 귀에 더 박혔을지도 모른다.

소금길

다음은 약간 테마에서 벗어나지만, 소금에 얽힌 총체적인 시대 상황을 들여다볼 수 있는 이야기라서 언급해 본다. 우리 생활에 없어서는 안 될 것 중의 하나가 소금이다. 그러나 요즘 사람들은 소금이 건강에 관련될 때에만 관심을 가진다. 지금은 소금이 공기처럼 너무나 흔해졌기 때문이다. 하지만 불과 몇 백 년 전만 해도 소금은 오늘날과는 전혀 다르게 귀한 대접을 받았다. 그때는 "인간은 금 없이는 살 수 있어도 소금 없이는 못 산다"는 말을 공공연하게 하던 시대였다. 소금이 '하얀 금'으로 불리면서 금과 일대일로 교환되던 시대도 있었다. 오늘날은 금을 많이 소유한 집을 부자라고 하지만, 당시는 금뿐만 아니라 소금을 많이 갖고 있는 집을 부잣집으로 꼽았다. 특히 크리스털 소금은 귀족들만의 소유물로, 소금 중의 으뜸으로 꼽혔다.

시대별로 소금의 용도를 잠시 살펴보자. 고대 이집트에서는 소금을 신에게 바쳤다. 로마 시대에는 소금을 '신들의 선물'이라고 불렀을 정도로 금과 비등한 가치로 대접해 주었다. 소금은 통화 수단으로도 쓰여, 당시 관리들이나 군인들의 월급 일부를 소금으로 주었다는 기록이 남아 있다. 독일에서도 카를 대제 시대 때와 1050년경의 무역에서 소금이 통화 수단으로 성행했다. 지금은 흔해 빠진 소금이 당시는 귀중품 대접을 받았다니 믿기지 않는다. 물론 당시에도 소금 외에 다른 희귀품이 더러 있었다. 바로 대리석, 도자기 그릇 등이다. 특히 분필은 당시 최고가품 중 하나였는데, 독일의 한 섬에서 분필이 생산이 되었을 때, 이것을 보석과 동일시했다는 기록이 남아 있다. 소금과 분필을 통해서 알 수 있듯이 결국 모든 희귀품은 그 희소가치에서 기인한다.

당시는 산지에서 난 소금을 어떻게 유럽 대도시로 운반했을까? 소금을 운반할 때는 정해진 규격의 나무통을 사용하였다. 정해진 규격의 나무통은 여러모로 운반에 편리했고 세관을 통과할 때는 세금 측량용으로도 제격이었다. 독일 뵈멘 지방에서는 동물을 실어 나를 때도 큰 나무통을 사용했다. 동물을 실어 나를 때는 107파운드(약 48kg)였는데 반해, 소금을 실어 나르는 큰 나무통은 144파운드(약 65kg)까지 무게가 나갔다고 하니 어느 정도 무거웠을지 짐작이 간다. 소금 통 12개를 실으면 약 780kg 무게이다. 소금을 실어 나르기 위해 힘 있는 말과 수레도 필요했다. 1500년대에는 해마다 2만 8000개의 큰 소금나무 통을 실어 날랐고, 1620년에는 연중 7만 개의 나무통을 실어 날랐다.

무거운 소금을 실어 나르는 소금 상인들은 두 가지 문제로 골머리를 앓았다. 하나는 당시 길이 너무 울퉁불퉁했다는 점, 또 하나는 도둑의 공격이었다. 다행히도 이런 문제점들을 영주들이 해결해 주었다. 영주들은 소금 장수들이 자기 영토를 통과할 때 평평하게 잘 닦인 길을 제공해 주고 도둑들의 피해를 입지 않도록 제도적인 장치를 마련해 주었다. 이것이 바로 영주 권한의 보호 길인 '소금길'이다. 공짜는 아니고 소금 장수들에게 막대한 수수료를 받았다. '소금길'은 영주들에겐 풍족한 수입원이 되었고, 장사꾼들에겐 도둑들의 공격을 당하지 않고 안전하게 길을 통과할 수 있었기에 서로 도움이 되었다.

얼마 후 로마, 뮌헨, 뤼네부르크Lueneburg 등의 대도시 거리에도 '소금길Salzstrasse'이 따로 생겨나서 소금 장수들은 몇 가지 사항만 잘 준수하고 거리세만 또박또박 지불한다면 큰 불편 없이 소금을 옮길 수 있었다. 소금 장수들 덕에 이런 도시들은 앉아서 많은 돈을 벌었다. 이 수입은 시의 재정에 큰 도움이 되었지만, 반면에 '소금길' 때문에 세금을 내야 하는 상인들은 늘 울상이었다. 당시 소금 장수들이 희귀품인 소금으로 막대한 부를 축적하자 너도나도 이 돈벌이에 눈독을 들였다. 귀족들이 질세라 동참하였고 나중엔 수도원들도 여기에 끼어들었다.

소금 무역으로 유럽의 패권을 차지하다

유럽의 주요 도시들은 '소금길'에서 세금을 걷는 데 그치지 않고, 직접 소금 무역에 나서 큰돈을 벌었다. 당시 부의 도시 베네치아가 바로 소금 무역으로 큰돈을 번 도시 중 하나이다. 베네치아의 위정자들은 소금을 북아프리카나 터키의 섬 등에서 싸게 사와서 유럽에 비싸게 공급했다. 거의 1000년간 경제 도시로 군림했던 북독일의 뤼네부르크도 마찬가지였다. 뤼네부르크에서는 956년부터 소금이 도시의 중요한 수입원이 되었고 1276년경에는 소금 무역으로 전성기를 누렸다. 그러다가 그 명성은 항구도시 뤼베크Luebeck로 옮겨졌다. 단순한 소금길이기도 했던 이 거리는 12~16세기에 독일의 북쪽과 남쪽을 연결하는 중요한 길이 되었다. 지금도 남아 있는 '소금길 거리'는 관광객을 끌어들이는 중요한 관광자원이 되고 있다.

소금에 얽힌 다른 이야기들도 보자. 잘츠부르크 부근의 뒤렌베르크Durnberg에서는 암염인 소금산이 1573년에 발견되었다. 연대기 사가였던 프란츠 뒤크헤어Franz Dueckher는 잘츠부르크의 문서실에 두 개의 기록을 남겨 놓았다.

〈소금산에서 6300개의 신발이 발견되었다. 그리고 한 남자의 시체가 발견되었다. 이 남자의 시체는 썩지 않고 피부와 머리칼까지 완벽하게 보존되어 있었다. 시체의 피부와 몸통은 샛노란색이었다. 너무 노랗게 보여서 마치 말린 대구처럼 보였다.〉

또 하나는 〈이곳에서 다시 한 남자가 발견되었다. 그는 피부와 머리칼, 다리 등이 완벽하게 잘 보존된 상태이다〉라는 기록이다. 광부들이 땅 밑으로 들어가 종종 불의의 사고를 당하는 일이 있는데, 소금 캐는 사람들도 암염인 소금산에서 일하다 사고로 죽어 소금에 절여진 것으로 추정하고 있다.

잘츠부르크의 부근 할라인Hallein에도 소금에 얽힌 이야기가 전해진다. 이곳은 그리스도교가 유럽에 정착되기 전 켈트족이 살았던 땅이다. 이들은 기원전 750년 전부터 300미터의 땅 아래로 내려가 소금을 채취했다. 소금으로 많은 돈을 번 켈트족의 귀족들은 막대한 무기, 기계, 장신구, 그릇 등을 사 들였다.

마찬가지로 여기서도 1734년 썩지 않고 그대로 보존된 한 남자의 시체가 발견되었다. 시신이 소금에 절여져 있었기 때문에 얼굴의 턱수염이 그대로 붙어 있을 정도로 보존 상태가 양호했다. 이 남자 역시 소금 작업을 하다가 사고로 죽었을 것으로 추측해 본다. 또 1850년~1870년에는 한꺼번에 2000명이 묻힌 무덤이 발견되었다. 이 무덤 안에서 해골뿐만 아니라 칼과 화려한 단도, 금으로 만든 팔찌, 다른 여러 가지 장신구들이 함께 발견되었다. 이런 물건들을 통해서 당시에 이들이 높은 문명을 누렸다는 것을 추정할 수 있다. 이런 전시는 오스트리아 할슈타트에서 볼 수 있다.

독일과 오스트리아의 소금 전쟁

1611년에는 소금 때문에 독일과 오스트리아 사이에 전쟁이 일어났다. 잘츠부르크의 대주교인 볼프 디트리히(W. Dietrich, 1559~1617)와 바이에른의 막시밀리안(Bayern Maximilian I, 1598~1623) 사이에서 일어난 이른바 '소금 전쟁'이다. 소금의 도시 잘츠부르크를 서로 차지하기 위해서 벌였던 싸움이다. 바이에른의 막시밀리안 1세는 2만 명의 병사들을 투입해 잘츠부르크로 즉각 쳐들어왔다. 적군이 이렇게 빠르게 진입하리라고는 상상도 하지 못했던 볼프 디트리히 주교는 싸우지도 못하고 도망을 갈 수밖에 없었다. 그러다 1611년 10월 27일 한 성에 숨어 있던 그는 바이에른 병사에게 붙잡히고 말았다. 그는 즉각 주교직에서 파면되었고 죽을 때까지 성에 감금당했다.

잠깐 디트리히 주교와 얽힌 이야기를 덧붙이겠다. 소금 전쟁에서 패배한 이 주교는 살로메(1568~1633)라는 여자와 살았는데 이 여인은 볼프 디트리히 주교와의 사이에 15명의 아이를 낳았다. 그럼 이들은 사생아일까? 아니면 법적으로 자식으로 인정받을 수 있을까? 중세는 교회에서 그리스도교 윤리를 매우 강조하던 때라서 아마도 정식 자식으로 인정받지 못했을 가능성이 크다.

소금의 희소가치 때문에 벌어진 이 전쟁은 마치 금광을 서로 차지하려고 일으킨 전쟁과 유사하다. 그런데 왜 잘츠부르크에서 일어난 것일까? 잘츠부르크라는 단어를 풀어 보면 쉽게 이해가 된다. 잘츠부르크^{Salzburg}는 Salz^{소금}와 Burg^성의 합성어다. 즉 소금성^{Salzburg}이라는 뜻이다. 지명 풀이에서도 알 수 있듯이 오스트리아의 잘츠부르크 근방은 유럽에서 알아주는 소금 생산지였다.

소금은 공기와 물처럼 인간 생활에 없어서는 안 될 귀중품이다. 지금은 잘츠부르크라는 도시가 음악가 모차르트의 이름으로 더 알려져 있지만 역사를 더 거슬러 올라가 보면 잘츠부르크의 지명 자체가 말해 주듯이 소금과도 많은 연관성이 있었다는 사실이 흥미롭다. 소금 때문에 잘츠부르크와 독일이 '소금 전쟁'까지 일으킨 것을 보면 소금은 '흰 금'이거나 '작은 금'임에 틀림이 없다.

청어 절임

오늘날 흔해 빠진 소금이 귀하게 대접받던 시대가 있었다니 놀라울 뿐이다. '하얀 금' 때문에 10세기까지만 해도 소금에 절인 청어는 서민들에게는 그림의 떡이나 마찬가지였다. 그러다가 소금이 점점 더 일반화 되면서부터 청어 절임도 일반 서민의 밥상에 오를 수 있었다. 물론 당시는 청어뿐만 아니라 새를 잡아서 식초나 소금에 저장하거나, 돼지고기를 와인이나 소금에 절여 먹기도 했다. 주로 11~12세기에 시작되었던 생선 염장은 청어, 고등어, 연어. 뱀장어, 대구 등을 많이 사용했지만 그 중에서도 가장 사랑받은 것은 단백질 공급원으로 최고였던 청어였다.

15세기경 청어를 많이 잡는 북유럽 어느 지방에서는 약 2만 5000톤의 청어를 5000톤의 소금에 절였다는 기록이 남아 있다. 해안 지방에 있는 어떤 대도시에서는 8월과 9월, 청어에 소금간을 하는 연중행사가 열려 동원되는 인력만 2000명 정도였다. 이렇게 만들어진 청어 절임은 남쪽인 이탈리아 토스카나 지방이나 스페인의 바르셀로나로 팔려 나갔다. 독일 북쪽 뤼베크에서 만들어진 청어 절임은 남부 바이에른 지방에 많이 공급되었다. 이 지방은 구교의 영향력이 강한 곳이다 보니 교리에 따라 금요일은 육식 대신 생선을 먹었기 때문에 늘 생선 수요가 많았다.

1474년의 기록에 의하면 당시 스웨덴의 몇몇 어촌은 청어 잡이 어획고로 이름을 날렸다. 근교에 사는 5000명 정도의 사람들이 청어 절임을 팔아서 생계를 유지했다. 당시 3500명가량의 어부들이 750개 정도의 작은 고깃배를 타고 청어 잡이에 참여했는가 하면 잡은 생선을 다시 해안으로 옮기는 데 700명의 인원이 동원되었다. 청어에 소금간을 할 때도 170여 명의 여인들이 동원되었다. 또한 청어 절임을 구입하기 위하여 전 유럽에서 구름같이 장사꾼들이 몰려들었다. 청어 절임을 유럽 전역으로 수송하면서 짭짤한 돈벌이를 하였던 사람들이 200명에 이르렀다. 소금으로 비롯된 풍경들이다.

부자의 상징 후추

중세 사람들의 중요한 향신료 중의 하나가 후추였다. 후추는 소금과는 달리 이국풍의 향신료이지만, 서민들에게 일찍부터 알려져 있었다. 12세기부터 시작된 동방과의 교역 덕분이다. 유럽에는 1100년경부터 외국으로부터 많은 향신료가 쏟아져 들어왔는데 후추도 그 중 하나였다.

오늘날은 소금처럼 후추도 흔한 향신료의 하나로 취급받고 있지만 당시는 달랐다. 위에 소개했던 소금처럼 후추를 많이 소유한 집은 부유층에 속할 정도로 후추는 부의 척도였다. 부르고뉴의 샤를(Charles le Téméraire, Duke of Burgundy, 1443~1477)은 초대한 손님들을 위한 음식에 380파운드의 후추를 썼다는 기록을 남겼을 정도이다.

후추 무역으로 돈을 번 사람들도 속출했다. 당시 유럽의 상업 도시 중 하나인 독일 아우크스부르크와 뉘른베르크에는 특히 향신료 장사를 통해 부를 축적한 사람들이 많았다. 이들은 수말과 암나귀의 잡종인 버새에 물품을 싣고 알프스 산을 넘어가 유럽 사람들에게 후추를 팔았는데, 자그마치 원가의 60%도 아니고 600%를 더 붙여 비싸게 팔았다. 이윤을 이토록 남겼으니 이들이 부를 축적한 것은 시간 문제였으리라. 이런 상황을 눈여겨보고 있던 유럽의 도시와 국가들에서도 너도나도 후추 무역에 뛰어들었다.

지금은 흔하디흔한 후추를 팔아 부를 축적하고, 손님들의 식탁에 과시용으로 내놓았다니 참으로 신기할 뿐이다. 후추가 귀했던 때라 희소가치 때문에 이런 일이 벌어진 것이다. 그러다가 동방에서 후추를 많이 수입한 뒤로는 그 사정이 달라진 것은 말할 것도 없다. 우리나라에도 처음 바나나가 들어왔을 때 상당히 비싸게 팔렸지만 지금은 흔한 과일이 되었던 것에 비교해 보면, 물건이 귀할수록 값이 올라가는 것은 그때나 지금이 마찬가지 이치인 듯하다.

7

넝마주이와
고물상

잡동사니를 모으는 이들은 더러운 냄새 나는 시궁창에서 고물을 줍고 그것을 다시 감쪽같이 새 것처럼 손질하여 팔았다. 이들은 오래된 바구니나 깨어진 유리, 이미 통화가치를 잃은 돈이나 와인, 동물의 오물까지도 주워 팔았다.

거리의 쓰레기통은 넝마주이의 보물창고

어둠이 깔리면 낮에 일하던 길거리의 장사꾼들은 집으로 들어가 가족들과 시간을 보내고 길거리에는 새로운 장사꾼들이 등장했다. 바로 넝마주이들이다. 이들은 낮에 버려진 거리의 고물을 주으러 나왔다. 1800년대에 거리에 가장 많이 쏟아져 나왔던 이들이 넝마주이들이다. 한쪽 손에는 불을 들고 다른 손에는 갈고리를 쥐고 파리 전역의 쓰레기통을 뒤졌다. 지금의 젊은 세대들은 박물관에 가야만 볼 수 있는 풍경들이지만 당시 파리 거리에서는 흔하게 마주칠 수 있는 모습이었다. 우리나라에도 몇 십 년 전까지만 해도 넝마주이들이 있었는데 이들도 역시 어깨에 통을 메고 다니다 쓸 만한 물건을 집게로 건져 올리곤 했다.

파리의 넝마주이들의 경쟁자는 개였다. 이들이 음식을 찾을 때

굶주린 개라도 나타나면 쓰레기통에서 찾은 음식을 두고 개들과 싸워야 했다. 이들이 자주 등장하는 곳은 식당 부근, 그것도 크고 좋은 고급 식당이었다. 고급 식당에서 나오는 쓰레기에는 그럴듯한 음식이 많았기 때문이다.

쓰레기통을 뒤져서 먹고 살 정도면 삶이 몹시 힘들다는 뜻이다. 말 그대로 이들의 환경은 열악하기 짝이 없었다. 넝마주이들이 횡재하는 날은 밤에 쓰레기통을 뒤져서 먹을 만한 음식이 나올 때였다. 팔아서 돈이 될 물건들을 건지는 날도 있었지만 그런 날은 드물었다. 돈이 될 물건 중에서도 개 시체를 건지는 것을 으뜸으로 꼽았다. 가죽 껍질 벗기는 사람들에게 팔면 돈이 되었기 때문이다. 예를 들면 개의 시체는 30~40수를 받았다. 여름에 고양이 시체를 찾으면 4수, 겨울에는 8수를 받았다. 넝마주이들에게 동물의 시체를 산 수공업자들은 털과 가죽을 벗겨내 가공해서 모피를 생산했다.

가죽 벗기는 직업인은 말 그대로 동물의 가죽을 벗기는 이들이다. 이들의 이야기는 필자의 책 (『중세의 뒷골목 풍경』)에서 썼기에 여기서는 간단하게 언급한다. 처음엔 집에서 키우던 동물이 죽으면 주인이 직접 시체를 처리했다. 그러다 도시가 점점 발달하면서 동물의 시체를 처리할 일이 많아지자 이런 직업군이 자연스럽게 생겨났다. 이들은 도시 한가운데서는 가죽 벗기는 일을 하지 못하고 시에서 떨어진 외곽에서 일을 했다.

다시 넝마주이로 돌아오자. 이들이 쓰레기통에서 주워 올리는 것 중에는 종이와 폐지뿐만 아니라 깨진 유리, 쇳덩어리, 깨진 그릇 등이 있었다. 깨진 그릇 중에는 가장자리를 금으로 장식한 것들도 있었는데 이런 부분을 떼어 가루로 만들어서 종이 만드는 재료로 사용했다. 가루를 종이에 섞으면 종이 무게를 올릴 수 있었기 때문이다. 당시는 종이를 무게로 팔았다. 소를 팔기 전에 잔뜩 물을 먹여 무게를 올린다더니, 당시는 종이 만들 때도 그랬던 모양이다.

바다에서 나는 굴 껍질도 부지런히 주웠다. 굴 껍질은 밭의 거름으로 쓸 수 있어 역시 돈이 되었다. 뼈도 버릴 것이 없었다. 뼈를 이용해서 도미노 놀이의 말Dominosteine이나 장기의 말, 때론 이쑤시개 등을 만들었고, 태워서 가루로 된 뼈로는 골탄을 만들었다.

음식점 쓰레기통에서 주운 빵가루는 모아서 스프를 만들어 먹거나 동물들의 사료로 사용했다. 대개 이들은 음식을 시장에서 사먹거나 음침한 술집에서 먹었는데 채소 스프와 빵이 전부였다. 가끔 운이 좋으면 설탕을 탄 커피 한잔을 후식으로 먹을 수 있었다. 이들 뒤에는 함께 먹고 살아야 할 식구들이 있었기 때문에 더러움을 참고 열악한 생활을 할 수밖에 없었다.

고물상

밤새 열심히 생업에 뛰어든 넝마주이들은 이른 아침에 거리를 떠났다. 이들이 비운 거리에는 고물상이 나타났다. 사실 고물상과 넝마주이는 거리에 버려진 물건을 줍거나 쓰레기통을 뒤져서 돈벌이 한다는 점에서 별반 다를 게 없다. 차이점이라면 고물상은 혼자가 아닌 가족 형태로 나타나고 아이들을 감시자로 두었다는 점이다. 아이들이 감시자로 따라 나선다는 것은 그 사이에 길거리에서 차곡차곡 모아둔 고물을 한쪽에서 지키는 역할을 하기 위해서인지 아니면 부정한 방법으로 고물을 모으는 부모를 돕는다는 뜻인지 불확실하다. 아무래도 교육적으로 생각해서 후자보다는 전자 쪽으로 상상하기로 하자.

날씨가 좋을 때보다는 비가 쏟아지고 난 후에 주울 물건들이 많았다. 비가 온 후에는 못이나 철 부스러기가 빗물에 많이 떠내려와 무른 진흙 속에 모였기 때문이다. 이런 때 이들은 마치 거리의 청소부처럼 고개 숙이고 쓸 만한 고물을 찾는 데 골몰했다.

정말 재수 좋은 날은 금을 발견하기도 했다. 하지만 행운도 잠

"고철 사고팝니다"

118

시였다. 경찰이 단속에 나서면서부터 이들의 직업도 사양길에 접어들기 시작했다. 경찰이 내놓은 구실도 근사하다. 이들이 고철을 줍는다고 거리의 포장된 길들을 자꾸 파헤쳐서 단속할 수밖에 없다는 이유였다.

가끔 귀한 물건을 주워 팔다가 시비가 붙어 싸움이 일어나기도 했다. 길거리에서 주웠을지라도 고가일 경우는 소유주에게 돌려주어야 했으니 자연히 고성이 오고갈 수밖에 없었으리라. 거리가 시끄러워진 것은 당연하다.

놀라운 것은 1800년대 말, 파리에 고물상이 6만여 명이나 있었다고 주장한 학자가 있다는 사실이다. 이 숫자를 100퍼센트 확신할 수는 없지만 살기 힘든 사람들이 그만큼 많았다는 뜻이리라. 몇 세기 전보다 19세기 말에는 길거리 장사꾼들도 많아지고 고물 줍는 사람들도 그만큼 많아진 것으로 보인다. 당시의 어두컴컴한 길거리 분위기를 더 어두컴컴하게 만드는 데 이들이 일조했을 듯하다.

잡동사니와 고철 수집가

잡동사니를 모으는 이들 역시 돈 될 물건을 길거리에서 찾는다는 면에서는 넝마주이나 고물상과 크게 다를 바가 없다. 다만 이들은 거리가 아니라 더러운 냄새 나는 시궁창에서 고물을 찾아 팔았다는 점에서 더 열악한 상태임을 알 수 있다. 이들은 시궁창에 떠다니는 누더기, 쓸모없는 나무 조각 그리고 뼈들을 주워 내다 팔았다.

잡동사니 장수들 중에는 헌 신발을 파는 이들도 있었다. 이 직업군은 앙리 4세(Henri IV, 1553~1610) 때 특히 성업을 했다. 이들은 헌 것을 사서 다시 감쪽같이 새 것처럼 손질하여 팔았다. 그리고 오래된 바구니나 깨어진 유리, 이미 통화가치를 잃은 돈이나 와인, 동물의 오물까지도 주워 팔았다. 동물의 오물은 도시에 사는 이들이 거름으로 이용했는데 당시 성 안에 정원들이 더러 있었기 때문에 거름의 수요는 항상 존재했다.

유사한 직종인 고철 장수들의 이야기도 빠질 수 없다. 이들 직업군의 역사는 1200년부터 존재했다. 하지만 이들이 직업인으로서 인정을 받은 것은 몇 세기가 지나 직업 보증서를 받고 나서부터였다. 이들은 개인적으로 고철을 사고팔 수도 있었다. 마차 같은 것이 고철로 들어오면 이것을 분해하거나 나머지 쓸 만한 것은 손질하여 되팔았다. 오늘날의 자동차 정비기술자의 역할을 수행한 듯하다. 당시의 유일한 수단은 마차였고 마차가 오늘날의 자동차로 볼 수 있으니 말이다.

8

거리의 매스컴,
공문을 전달하는 사람들

인편으로 부고를 전달하는 풍습은 1800년대 말까지 존속하다가 유럽에서는 서서히 사라져 갔다. 그들은 장례식뿐만 아니라 결혼식을 공지할 때, 혹은 교회에서 어린이 영세식이 있는 날도 거리에 나가서 사람들에게 알렸다.

밤거리를 지키는 야경꾼

낮 동안 이 거리 저 거리를 헤매다녔던 장사꾼들이 장사를 접고 집으로 들어가 그날의 벌이를 헤아리면서 식구들과 오붓하게 즐기는 때는 이미 길거리에 어둠이 짙게 깔린 뒤였다. 이때에 길거리에는 고주망태가 된 이들, 좀도둑 등 다양한 이들이 다시 등장했고, 그 반대로 건강하게 자기 벌이를 하는 이들도 나타났다. 앞에서 이미 상세하게 언급했던 오블라텐 장수들뿐만 아니라 밤거리를 지킬 야경꾼들이 등장한 것이다.

야경꾼들은 연장을 손에 들고 아주 엄정한 걸음으로 거리를 누볐다. 오늘날로 치면 야간 경찰들이다. 야경꾼들은 종을 하나씩 지니고 다녔지만 9시 이후에 이 종을 사용하게 되면 시민들이 잠을 잘 수 없으니 웬만하면 종을 사용하지 않았다.

몇 년 전 중세의 흔적을 고스란히 간직한 도시 중 하나인 독일의 뷔딩겐Buedingen에 갔을 때였다. 저녁이 되어 필자도 집으로 돌아가야겠다고 마음 먹고 아쉬운 마음으로 다시 한 번 골목을 도는 순간 시야에 중세 복장을 한 야경꾼이 나타났다. 뷔딩겐에서는 시의 재정으로 중세를 재현하고 있었다. 필자가 사진을 찍고 싶다고 했더니 그는 기꺼이 포즈를 취해 주었다. 포즈를 취하고 있다가도 아는 이웃들이 나타나면 서로 반갑게 인사를 나누고 다시 야경꾼으로서 포즈를 취했다. 지금 생각하니 그와 인터뷰를 하지 못한 것이 무척이나 아쉽다. 어떻게 이런 일을 하게 되었으며, 이 도시에서 야경꾼은 어떤 역사적인 맥락과 연관성을 지니는지 차근차근 물어볼 수 있었을 텐데 말이다. 그가 하루에 몇 시간 일을 하는

밤거리에서
순찰 도는
사람들이다.
"12시가
지났습니다.
순찰! 순찰!"

지, 시로부터 어떤 보상을 받는지 알 수 있는 절호의 기회였는데
아쉬울 따름이다.

부고를 거리에서 알리는 사람

몇 년 전까지만 해도 부고장은 우편으로 정중하게 전달되었지
만 이제는 부고마저 스마트폰으로 알리는 시대에 우리는 살고 있
다. 그러나 중세에는 부고를 알리는 직업군이 따로 있었다. 독일
어로는 라이헨비터Leichenbieter라고 하는데 풀이하면 '부고를 알리는
이들', 즉 발품을 팔아서 거리에서 부고를 알리는 사람이라는 뜻
이다. 이 단어가 첫 등장한 게 1691년인데 사전에도 오른 것을 보
면 이 직업군은 꽤 오랜 역사를 지녔음을 알 수 있다. 이 직업은
1800년대까지 성행했다.

이들은 공적인 의무를 알리는 공무원이었다. 신문이나 우편도
아니고 발품을 팔아서 죽은 이들의 장례식을 알렸던 것을 보면 오
늘날과는 참으로 대조적인 상황이다. 다가올 미래에는 이런 직업
군들이 어떤 모습으로 대체될 것인지 참으로 궁금하다.

이들은 업무가 주어지면 어둠의 땅거미가 내릴 때까지 기다렸
다가 움직이기 시작했다. 구교에서 예식을 할 때 입는 눈물이 그려
진 특이한 옷을 입고 종을 흔들면서 거리를 지나갔다. 시골일 경우
는 이 마을 저 마을로, 도시일 경우는 이 거리 저 거리를 누볐다.
그리고 가급적 매우 구슬픈 목청으로 부고를 알렸다. 먼저 고인의
이름과 직위를 알리고, 고인의 장례식이 언제 있을 것이라는 내용
이었다. 그들이 외친 소리가 지금 남아 있지 않은 것이 유감이다.

손에는 주소 목록을 들고 다녔다. 집을 찾아갈 경우는 일단 문패에 적힌 이름을 확인한 후에 가지고 다니던 지팡이로 대문을 두드리거나 창문을 두드려 부고를 알리고 장례식 날짜를 일러 주었다. 하지만 어떠한 경우에도 집안에 들어가지는 않았다. 주인 역시 부고 소식을 들고 온 이를 절대로 집안으로 들이지 않았다. 아마도 죽음과 연관된 직업을 가진 이들을 집안으로 들여놓으면 우리나라 말로 음기 같은 것이 스며든다고 생각했을 것 같다.

이들을 맞이하는 쪽에서는 작은 선물을 하는 풍습이 있었다. 부고를 알리고 다니는 사람에게 어떤 집에서는 동전 한 닢을 주기도 했고, 때론 빵 한 조각을 손에 쥐어 주기도 했다. 사람들은 이런 복장을 한 사람이 나타나면 금방 부고를 알리는 자로 인지했다.

당시에는 죽고 난 후에도 빈부차가 드러났다. 만약에 돈 있는 집안이나 귀족 집에서 누가 죽었을 경우는 이런 집안은 부고 알리는 사람을 한 사람만 쓰지 않고 여러 명의 직업인을 고용해서 거리에 내보냈다. 이 직업은 대개는 남성들이 했지만 여인들이 고용되기도 했다. 이들은 부고를 알리는 일 외에도 죽은 이들을 땅에 묻는 데까지 동행했다.

그럼 당시는 시신을 어떻게 처리했는지 잠시 살펴보자. 시체를 깨끗이 씻고 천으로 싸는 일은 여인들이 맡았다. 시체를 싸는 천은 아마 천을 사용했다. 부잣집에서는 식물 전문가나 약사들을 고용해 좋은 향을 피우고, 시신에 호사스런 옷을 입혀서 관에 넣었다. 반면에 연고 없이 죽은 이들은 아마 천에 둘둘 말아서 12명의 남자들이 끄는 수레에 실어 땅에 묻었다. 오늘날의 독일 공원묘지

부고를 돌리는 사람은 해질녘이면 종을
울리면서 길거리에서 고인의 죽음을 알렸다.
특정 집에 부고를 돌릴 경우는 집 안으로
들어가지는 못하고 밖에서 부고를 알렸다

를 가도 이런 분위기는 아직도 남아 있다. 돈 많은 이들은 대리석으로 비석을 만들어 놓았지만, 가족이 없거나 신분이 낮은 층은 나무 십자가 하나가 무덤을 장식한 게 전부이다. 그들이 묻힌 땅마저 편편하지 않고 울퉁불퉁해서 더 안타깝다. 지금이나 당시나, 동양이나 서양이나 죽음 앞에서 여전히 빈부의 차별이 있다는 것이 안타까울 뿐이다.

시신을 묻고 나면 젊은 외과치료사들이 무덤에 가서 시신을 훔치는 일이 종종 벌어졌다. 어떤 이들은 겨울에 추워지면 관을 끄집어내어 땔감으로 쓰기도 했고, 죽은 이들의 옷을 벗겨가는 경우도 있었다.

장례 이야기가 나왔으니 덧붙이자면 당시에는 장례식 뒤를 따르는 사람들이 있었다. 이런 일을 기꺼이 했던 이들은 먹고 살기 힘든 사람들로 대개는 어린이들이었다. 돈 많은 이들이 죽으면 가난한 사람들을 고용해 그 뒤를 따르게 하는 풍습이 있었기 때문이다. 어떤 귀족들은 400명의 사람들을 동원해 장례식 뒤를 따르게 했다. 복장도 점점 더 화려해져서 비단 외투를 걸치게하는 경우도 있었다.

독일 카셀Kassel에 있는 박물관에 가면 당시의 장례식 풍경이 자료로 남아 있다. 필자도 이곳을 방문하여 사진을 여러 장 찍은 적이 있다. 이들은 당시에 적지 않은 일당을 받았고 후에는 옷가지 등을 덤으로 받았다. 하루 일당 치고는 꽤나 좋은 돈벌이였다.

이것뿐만이 아니다. 장례식에는 다수의 여인들도 고용했다. 일당을 받고 정해진 장례식장에서 가서 구슬프게 울어주는 역할을 하는 사람들이었다. 그래서 '구슬프게 우는 여인들'이란 이름이 붙었는데 우는 방법에도 정해진 절차가 있었다. 지난번 필자의 책 (『중세의 뒷골목 풍경』)에서 상세하게 서술하였으니 여기서는 생략하기로 한다.

다시 '거리에서 부고를 전하는 사람들'의 이야기로 돌아오자. 인편으로 부고를 전달하는 풍습은 1800년대 말까지 존속하다가 유럽에서는 서서히 사라져 갔다. 신문이나 우편 등 부고를 전달할 수 있는 여러 다른 진보적인 매체가 생겨났기 때문이다.

거리에서 부고 전하는 직업군은 장례식용에만 국한된 것은 아니었다. 다른 부류, 즉 결혼식을 공지할 때나 교회에서 어린이 영세식이 있는 날도 이런 이들이 거리에 나서서 사람들에게 기쁜 일을 알렸다. 이런 공지는 기쁜 소식이니 아마도 구슬픈 목소리는 필요하지 않았을 것 같다.

인간이 태어나고 죽을 때마다 이들이 나서서 사람과 사람 사이에 필요한 절대적인 소통의 고리를 엮었으니, 당시 사회에서는 없어서는 안 될 꼭 필요한 직업군이었으리라. 하지만 유감스럽게도 이들은 사회에서 비주류 계층에 속하는 하위 직업군이었다. 사형수나 동물 가죽 벗기는 사람들처럼 인간의 죽음과 연관된 일을 하다 보니 무언가 불결한 직업으로 인식한 모양이다.

사실 당시는 오늘날처럼 매스컴이 발달한 것도 아니고, 만약에 이런 직업군이 없었다면 부고를 알리는 데 얼마나 많은 애를 먹었겠는가? 문득 우리의 조선 시대에는 부고를 어떻게 알렸을지 궁금해진다. 이런 자료가 남아 있어 우리의 사학자들이 연구해서 알려준다면 동서양의 비교 차원에서도 바람직할 것 같다.

2014년 2월 28일 독일의 한 신문에 실렸던 베른하르트 쥐팅엔이라는 독일인의 이야기를 소개한다. 레르Leer지방에 사는 그는 자기가 나타나면 '누군가가 죽었구나!' 하는 것을 사람들이 안다고 했다. 전직 공무원인 그는 마을에서 부고를 알리는 일을 맡고 있었다. 누군가가 죽으면 그는 하얀 셔츠에 검은 양복을 입고 이 집 저 집을 다니며 부고를 알린다고 했다. 사람들을 만났을 때 그의 첫마디는 "아침!"이었다. "좋은 아침"도 아니고 왜 "아침"이라고 했을까? 그 이유는 "좋은 아침"은 일상적으로 평온할 때 하는 인사이고, 비바람이 치고 눈보라가 날리는 나쁜 날씨나, 부고를 알리는 사람은 그냥 "아침!"이라고 한다는 것이다. 즉 그리 좋은 아침이 아니라는 뜻이다.

그는 "아침"이라고 인사한 뒤 유감스럽게도 자기가 부고를 알리러 왔다고 말했다. 연이어 장례 일자가 언제이며, 관을 들어줄 사람이 있는지 물어보고, 그날 장의차를 운전해줄 봉사자를 찾는다고 했다. 이 직업군은 중세 이래로 존재하다가 점차적으로 없어지고 이제 장례식을 치르는 기관들이 이 일을 대행하고 있지만, 독일의 몇몇 마을에는 아직도 이런 직업인들이 현존해 있음을 이 신문을 통해 확인할 수 있었다.

거리의 책장수

17세기 초 파리에는 금서를 파는 보따리 행상인이 약 50명 정도 존재했다. 그러다 200년이 흐른 후 그 숫자가 1000명으로 늘어났다. 이들은 어깨에 보따리 행상이라는 표지를 달고 다녔다. 1723년부터는 행상을 하는 데도 조건을 갖추어야만 했다. 읽고 쓸 줄 알아야 한다는 조항이 첨부된 것이다.

이들의 보따리에는 소위 말하는 금서가 들어 있었는데, 이것을 은근슬쩍 고객들에게 팔기도 했다. 사실 시에서는 장사꾼들에게 이런 책을 팔지 못하게 했고, 시민들에게는 사지 못하게 막았지만 1000명의 보따리장수들이 거리에서 행상을 했으니 일일이 막기에는 역부족이었다. 물론 들켜서 사형까지 당한 일이 기록에 남아 있는 것을 보면 들켰을 경우 엄벌에 처한 듯하다. 그러다가 1792년부터는 금서를 파는 행상인들도 점차적으로 사라졌다. 그리고 이들이 사라진 자리에 다른 행상인들이 들어섰다. 바로 팸플릿과 전단지 등을 파는 자들이다.

신문과 그림으로 그린 종이 매체 사이에 큰 역할을 한 것은 16세기 말 파리에서 유행한 일종의 전단지인 카나르Canards였다. 오늘날처럼 매스컴이 발달하지 않은 시대에 이런 매체들은 사회적으로 큰 역할을 담당했다. 1839~1850년에는 600개의 카나르가 생겼고 매일 5000~2만부가 팔려 나갔다. 카나르는 신문이 나오기 전에 유일한 정보 전달 매체였다. 파리 시민들은 카나르를 통해 매일 사회 곳곳에서 일어난 사건, 불 난 곳, 홍수 난 곳 등의 소식을 접했다. 카나르에는 사형선고 받은 이들의 목록까지 실렸다 하니 오늘날의 신문 역할을 톡톡히 한 것으로 보인다.

이런 전단지에는 성인 성녀들의 이야기가 빠지지 않고 실렸으며, 다른 잡다한 뉴스도 실렸다. 기사를 사서 읽은 이들이 다시 다

거리에서
노래책을 파는
장사꾼들

른 이들에게 전달하면서 사방으로 뉴스가 퍼져 나갔다. 말하자면 오늘날 TV의 정규 뉴스를 보고 다시 사람들과 이야기를 나누는 것과 마찬가지의 파급력으로 소식이 퍼져 나갔다.

카나르를 파는 사람들은 "오늘은 도둑과 큰 사고가 난 이야기가 실렸습니다"라고 외치면서 이 거리 저 거리를 누비고 다녔다. 사람들의 관심을 끌기 위해 과장된 내용을 외치기도 했다. 이런 전단지들은 후에 프랑스 혁명에 지대한 영향을 미친다.

당시 예수회 신부가 창간한 다른 유사한 전단지도 있었는데 이것 역시 당시에 일어난 일들을 모아 전단지 형태로 만들어 거리에서 팔았다. 예를 들면 갈릴레이가 천체망원경을 만들었다는 소식을 전하는 등 좀 더 자연과학에 근접한 내용들이었다. 오늘날에 비하면 보잘 것 없는 내용이지만 당시 사람들은 이런 전단지를 통해서 우물 안 개구리 생활에서 탈피해 점점 더 과학과 물리학에 관심을 기울이게 되었다.

다비뇽Davignon이라는 사람은 알파벳 그림을 그리는 이로 유명했다. 그는 알파벳 A, B, C 안에 당시 길거리 장사꾼들을 틀에 맞춰 넣었다. A 모양 안에 들어갈 적절한 장사꾼, B 안에 들어갈 적절한 장사꾼들을 그린 것이다. 그는 이런 그림으로 하루에 20~30프랑이라는 엄청난 돈을 벌었지만 즉시 술파는 이들에게 이 돈을 갖다 바칠 정도로 술을 좋아했다. 돈이 많으면 돈주머니가 더럽혀지기 때문에 그것을 방지하기 위해서 술을 마신다는 이유였다.

당시는 기이한 것이면 돈이 되는 세상이었다. 그만큼 생활 반경이 좁았고 뉴스는 늘 한정적이었다. 전쟁에 다녀온 이들은 전쟁

이야기를 팔기도 했다. 이들은 자신의 이야기를 영웅담 비슷하게 그리고 허풍을 가미해 그럴 듯하게 포장을 했다. 사람들은 "만약에 그가 이집트 전쟁이나 나폴레옹 전쟁에 참여하고 왔다면 이것도 거리에서 엄청난 돈을 받고 허풍을 더 섞어서 팔았을 것"이라고 우스갯소리를 하기도 했다.

거리의 장사꾼을 알파벳에 넣어 그린
다비뇽의 그림

9

기타
장사꾼들

목소리로만 각자의 물건을 파는 것이 어려워지자 장사꾼들은 피리, 북, 트럼펫 등의 도구까지 사용해서 자신의 물건을 팔았다. 거리는 소음으로 뒤덮였지만 파리 시민들은 놀랍게도 자신이 사고자 하는 물건을 팔러 온 장사꾼들의 목소리를 쉽게 구분하였다.

소음의 도시 파리

파리의 소음을 만드는 데는 사람뿐만 아니라 다락이나 지하실 등에서 우글거리는 고양이와 쥐들도 일조를 했다. 파리의 거리는 교회의 종소리, 소매치기, 도둑들, 닭 우는 소리 등이 어우러져 난장판이나 다름없었다. 어쩌면 이 모습이 당시 파리의 고유 모습이었을 것이다. 파리에 온 외국인들은 장사꾼들이 길거리에 너무 많은 사실에 놀라고, 그 다음에는 이들이 외치는 특유의 음에 두 번 놀랐다는 기록이 전해진다.

당시 파리를 묘사한 재미있는 표현 중 가장 대표적인 것이 "지옥 같은 곳" 혹은 "불협화음이 난무하는 콘서트 장"이라는 묘사이다. 이보다 좀 더 나은 표현이 "기이하고 이상한 심포니 연주회 장"이라는 지칭이다. 당시 파리 시민들은 늘 소음에 둘러싸여 살아서 웬만한 소리에는 놀라지도 않았고 또 이런 소리에 완전히 면역이 된 상태였다. 하지만 시골에서 올라온 이들이나 이곳에 처음 도착한 사람들은 파리의 소음에 적응하지 못했다. 당시의 파리와 유사한 도시는 런던이 유일했다. 이 말은 아직 다른 대도시들에는 파리나 런던만큼 거리의 장사꾼들이 활성화 되지 않았다는 뜻이다. 하지만 독일의 베를린, 함부르크, 괴팅겐 등에도 소리치며 물건 파는 사람들에 관한 자료가 남아 있는 것을 보면 파리나 런던만큼의 대규모의 소음은 아니었을지라도 어떤 형태로든 소음이 존재했던 것으로 보인다. 아마도 소음은 당시 도시 문화를 대변하는 것 중 하나였으리라.

이쯤 되자 장사꾼들도 고민하기 시작한다. 너무나 많은 장사꾼들이 거리에서 자기 목소리를 내다 보니 목소리로만 각자의 물건을 파는 데 어려움을 느끼게 된 것이다. 파리의 장사꾼들은 고객의 이목을 더 집중할 수 있는 도구들로 피리, 북, 트럼펫 등을 사용하기 시작했다. 이런 것들이 함께 어우러졌으니 거리가 얼마나 시끄러웠을지 짐작이 간다. 그러나 놀랍게도 파리 시민들은 집에 앉아서 자신이 사고자 하는 물건을 팔러 온 장사꾼들의 목소리를 쉽게 구분하였다. 마치 음악가들이 전문적인 귀를 가지고 바이올린이나 오보에의 음을 구별하듯이 말이다.

당시 빵을 팔던 한 남자가 거리에서 유명세를 탔다. 빵을 팔면서 고객들에게 멋진 노래를 들려준 것이다. 그의 노래는 이러했다.

"오! 아름다운 여인들이여 내 목소리가 들리시오? 오늘 나는 여러분을 만족시킬 빵을 가지고 왔소. 이 소리를 들으면 제발 나에게로 좀 오시오!"

일일 노동자와 거지

당시에도 일일 노동자가 있었다. 1950~1970년대 서울역 앞의
지게꾼과 비슷한 일을 한 것으로 보인다. 이들은 등에 지게 같은
것을 메고 물건을 옮겨준 뒤 돈을 받았다.

여기서 빠질 수 없는 이들이 거지이다. 이 부분은 분량이 많기
때문에 다음으로 미루기로 한다. 한마디만 언급하면 먹고 살기 힘
들다 보니 가짜 거지가 매우 많았다는 사실이다. 이들은 일부러
다리를 저는 척하기도 했고 입에 거품을 물고 쓰러져 있을 때도
있었다. 물론 모두 연기였다. 이들을 쫓아내면 어느새 교회 앞으
로 자리를 옮겨 다시 구걸을 시작하였다.

일부 돈 많은 중세 수도원에서도 그들의 형제들을 매일 파리로
내보내 구걸을 시켰다. 이 수도원의 이름이 지금도 기록에 남아
있다. 프란치스코 수도원, 아우구스티누스 수도원, 신의 딸 수녀
원 등이다. 수도원에서 떠밀려 나온 수사들은 아침부터 저녁까지
거리에서 큰 소리로 외쳐댔다.

"거룩한 십가가를 위한 빵을 주세요!"

이들은 감옥에 갇힌 이들을 위해 모금을 한다며 구걸을 했다.
수감자들이 감옥에서 물과 빵만으로 연명하고 있으니 더 나은 영
양 공급을 위해서 시민들의 기부가 필요하다고 역설했다. 하지만
이치에 맞지 않는 이야기이다. 당시 수도원은 그들의 수입만으로
도 수감자를 도울 수 있을 정도로 수입이 매우 좋았기 때문이다.

위는 거지,
아래는 하루
벌어 하루 먹고
사는 일일
노동자

138

수사들을 구걸까지 시킨 이유는 무엇일까. 여기에 대해서는 좀 더 깊은 연구가 필요할 듯하다.

어떤 수도원에서는 수도원에서 기르는 돼지의 사료를 모으기 위해서 수사들을 거리에 내보냈다. 바로 성 안토니오 수도원이다. 당시 파리 시내에서는 돼지 사육이 금지되어 있었는데 이 수도원은 유일하게 돼지 사육을 허락받은 곳이었다. 파리에서 돼지 사육이 금지된 것은 위생 때문이 아니라 루이 6세(Louis VI, 1081~1137)의 아들이 돼지에 받혀서 죽었기 때문이다.

또한 약 300명의 시각 장애인이 거리에서 구걸을 했다. 이들은 온 종일 다니면서 목이 완전히 쉴 정도로 구걸을 했다. 그만큼 구걸에 온 마음과 몸을 다했다는 의미이다.

거리에서 구걸은 하지 않더라도 거지처럼 구차하게 살아가는 이들도 있었다. 바로 수공업자들이었다. 공업화가 진행되면서 물건을 대량 생산하게 되다 보니 물건 값이 싸졌고 자연히 영세 수공업자들이 타격을 받았다. 특히 솜 만드는 여인들, 물레를 돌리면서 살아가던 이들이 받은 타격이 컸다. 이런 작업이 대량 생산 체제로 바뀌었기 때문이다. 이들은 처음부터 구차하게 살아갔던 거지가 아니고, 나름 장사를 잘하면서 살다가 시대가 변하면서 어쩔 수 없이 설 자리를 잃고 비참한 생활로 빠져들었다. 잉크 파는 이들도 마찬가지였다.

그렇다면 대체 얼마나 많은 장사꾼들이 파리의 거리에서 내 물건을 사라고 소리 지르고 다녔던 것일까? 어느 정도였기에 '불협화음의 콘서트'라는 말을 들었던 것일까? 어떤 학자들은 16세기

수공업자들은 공업화가 진행되면서 일자리를
잃고 날품팔이로 전락하는 경우가 많았다.
그림은 잉크 팔러 다니는 장사꾼의 모습이다

에 1만 5000~2만 명의 장사꾼들이 파리 거리에서 물건을 팔았다고 말한다. 페스트와 많은 전쟁을 일으키기 전인 16세기 파리 인구를 약 20만 명 정도로 추산하고 있으니 시민 중 약 10% 정도가 장사꾼으로 나섰다고 볼 수 있다. 1800년대 초기에 들어서면서 파리 인구는 약 50만 명으로 늘어났는데 그만큼 장사꾼들도 늘었다. 1850년경 파리 시민은 100만 명가량이었으므로 장사꾼이 더욱 늘어나는 것은 자연스러운 일이다. 파리는 50년간 인구가 두 배로 불어난 데다 거리에는 거지들이 수두룩했고, 많은 장사꾼들이 쏟아져 나오면서 더욱 더 많은 문제점들이 드러나기 시작했다.

땜장이

거리에 나타난 땜장이들은 "보시오! 깨진 꽃병, 유리병이나 대리석이 없나요? 프라이팬 뚫어진 곳을 제가 때워드립니다. 자신 있게 말하는데 내 땜질 능력은 매우 뛰어납니다. 오시오!" 하며 호객 행위를 했다. 시대가 점점 흐르면서 거리에서 장사를 하던 땜장이들은 점포를 얻거나 길거리 귀퉁이에 가게를 임대해 장사 규모를 키워나갔다.

구두닦이

신발 닦는 직업은 다른 직업군에 비해 후대에 나타났다. 웬일인지 이들은 왕에게 세금을 냈다고 한다. 거리 귀퉁이 어두컴컴한 곳에서 신발에 광을 내주고 받은 돈이 도대체 얼마였기에 세금까지 낸 것일까?

거리에 나타난 땜장이들.
깨진 물건이나 뚫어진 냄비 등을
고쳐주고 돈을 받았다

당시 파리의 거리가 오물로 뒤덮였다는 사실은 앞에서 언급한 바 있다. 1700년대 말 파리는 런던에 비해 보행자 길이 잘 닦이지 않아서 거리가 매우 불결했다. 오염된 공기 때문에 코를 막고 다니지 않으면 안 될 정도였고, 거리가 비좁은 데다 집들이 다닥다닥 붙어 있었다. 신분이 높은 사람이 거리를 지나갈 때는 길바닥에 짚을 깔았다. 귀하신 분이 탄 마차가 지나갈 때 덜커덕거리는 잡소리를 조금이라도 줄이기 위해서였다. 그들이 지나가고 난 뒤 내버려진 짚더미와 각 가정에서 버린 쓰레기들은 오물로 변하기 일쑤였다. 이런 환경에 비라도 내리게 되면 거리에는 물이 넘치고 여러 잡동사니가 떠다니면서 불결하고 더러운 환경이 될 수밖에 없었다.

푸줏간 부근은 더 심했다. 당시는 거리에서 소를 잡아 손질해서 팔았다. 지저분한 거리에는 고기를 잡을 때 나오는 피 냄새와 거리의 오물 냄새가 뒤섞여 악취를 풍겼다. 길거리에 깔아 놓은 자갈돌 사이에 짐승 피가 고였고, 고기 잡는 사람의 옷에도 피가 튀어 불결하기 짝이 없었다. 오늘날처럼 변소와 하수구가 없어서 집집마다 악취가 진동을 했고, 사람들이 다니는 길에는 쓰레기들이 쌓여 갔다. 이런 모습이었던 파리가 300년이 지난 지금은 완전히 다른 도시로 변했으니 놀라운 일이다. 필자는 몇 년 전 이스라엘 어느 도시에서 이와 유사한 풍경을 목격한 적이 있기에 충분히 상상이 간다. 이런 거리에 발을 디디는 자들의 신발을 닦아봐야 몇 시간 깨끗하게 신을 수 있었을까?

한편 옷을 세탁하는 직업은 구두닦이에 비해서 더 오랜 역사를 지녔다. 옷을 세탁하는 직업은 이미 1500년경부터 있었다고 한다. 그렇다고 오늘날의 세탁소처럼 번듯한 것은 아니었다. 이들은 사람들이 입은 옷에 묻은 와인 자국들을 깨끗이 지워 주었다. 이런 흠을 지우는데 사용한 재료는 주로 소변이었다.

굴뚝청소부

굴뚝청소부는 빗자루와 사다리를 가지고 다녔다. 특히 독일의 트리어, 쾰른, 스트라스부르, 에어푸르트 등에는 이런 직업군이 12세기부터 존재했다. 1845년 베를린 시 기록에는 굴뚝 청소와 관련된 장인이 15명, 함께 일하는 이들이 30명, 배우는 과정 중에 있는 이들은 56명이라고 나와 있다. 당시 신발 만드는 것을 배우는 사람이 250명이었던 것을 보면 굴뚝청소부는 상대적으로 그리 인기 있는 직업은 아니었던 것 같다.

필자는 굴뚝청소부를 직접 경험한 적이 있다. 유학 시절 은인의 도움으로 대저택에 살았는데 이들은 오늘날 가스 점검하듯이 1년에 두 번은 꼭 이 집의 굴뚝을 점검하러 왔다. 위아래 모두 검은색 옷을 입은 이들의 손에는 기이한 장비들이 들려져 있었다. 당시에 사진 한 장 찍어 두지 않은 것이 무척이나 아쉽다. 독일은 지금도 고성과 대저택들이 많이 남아 있기 때문에 굴뚝 점검이 반드시 필요하다. 말하자면 오늘날의 가스 점검처럼 반드시 필요한 존재들이다. 일반적으로 독일에서는 이들을 대단히 반기는 추세인데 그 이유는 굴뚝청소부를 행운을 가져오는 이들로 여기기 때문이다. 굴뚝청소부는 독일에만 현재 2만 명 정도가 활동하고 있고, 독일, 오스트리아, 스위스 등에서는 이 직업을 가지기 위해서는 3년간

위는 굴뚝청소부와 그에게 일을 배우는
사람, 아래는 간단한 도구를 가지고
다니며 굴뚝을 청소해 주는 사람

의 교육을 받아야만 한다.

새 모이 파는 사람

새 모이 파는 여인들은 "작은 새들의 먹이가 왔어요" 하고 외쳤
지만 그 소리가 마치 새처럼 조화롭고 아름다웠다고 한다. 이들
역시 중세 이래로 존재한 오래된 직업군이다. 이들이 거리에 나타
나는 시간도 기록으로 남아 있다. 여름에는 아침 6시, 겨울에는 아
침 8시였다. 이들은 거리를 돌면서 모이를 팔고 10시쯤 되면 장사
를 접었다. 오후에도 쉬지는 않았다. 오후에는 직업을 바꾸어 다
른 물건을 팔았다. 주로 빵이나 점성카드를 거리에서 팔다가 저녁
이 되면 연극을 보러 온 이들 주위를 돌면서 설탕이나 과일을 팔았
다. 새 모이 장사꾼들뿐만이 아니다. 당시는 물건의 종류를 바꿔서
파는 장사꾼들이 많았다. 파이 장수들도 오전에는 파이를 팔았고,
겨울에는 구두닦이로 일하다가 역할이 주어지는 경우에는 오페
라에 출연해 포도즙을 짜는 인부 등의 역할을 하고 돈을 벌었다.

암표상

다음에 소개하는 장사꾼들은 우리에게 아주 낯설지 않다. 이들
은 연극표를 미리 사서 그걸 되파는 장사꾼이다. 우리나라의 설이
나 명절 때 암표를 파는 상인과 다를 바 없다. 이들은 표를 구하지
못해 애가 탄 사람들에게 다가가 큰 소리도 아니고 귀에 살짝대고
속삭이며 표를 팔았다. "이 연극표가 실제로 사는 것보다도 훨씬
싸다오." 경찰들이 단속을 했지만 은근슬쩍 눈을 감아 주어서 암

표 상인들이 거리에 꽤 많았다고 한다.

의자 빌려주는 사람

의자 빌려주는 직업도 있었다. 자전거 빌리는 것과 같을 것이라 짐작해 본다. 많은 이들이 길거리에 쏟아져 나올수록 돈을 많이 벌 수 있었다. 국경일에 길거리에서 행렬이 있거나, 외국인 귀빈이 왔을 때 길거리에 나선 군중들에게 의자를 빌려주는 일이었다. 장례식 때도 돈을 벌었다. 이들은 의자를 들고 나와 "의자 필요한 사람 없습니까? 의자 하나에 10~20수요" 하고 장사를 했다. 의자를 빌린 사람이 자리에 앉자마자 돈을 지불했으므로 외상이 안 깔

거리에서 행사가 있을 때
의자를 빌려주는 사람.
현금 장사라 벌이가
좋았다

리고 현금을 벌 수 있다.

기타 잡화상

마차를 끄는 사람들은 아침나절에 영업을 하고, 오후에는 강가에 가 말을 목욕시키며 하루를 보냈지만 시간이 나면 사람 없는 어두컴컴한 곳에 가서 당시는 금지인 카드 놀이를 즐기는 경우도 많았다. 손님으로부터 받는 스트레스를 풀기 위함이었다.

길거리에는 사환으로 일하는 아이나 어른들도 많았다. 아주 어리거나 아니면 아주 나이를 먹은 부류였다. 이들은 기회 있을 때마다 사랑의 편지나 그 반대인 공갈 협박 편지 등을 주문자로부터 받아서 상대에게 전달하고 수입을 올렸다.

눈 먼 가수들도 길거리에서 빠질 수 없다. 이들은 사람들의 동정을 얻기 위해서 주로 딸을 동행한 채 거리에서 노래를 불렀다. 이런 풍경들은 영화에서도 많이 볼 수 있다. 지금 유럽에서는 아이들을 데리고 거리에서 장사를 할 수 없다. 어린이 노동력 착취라고 호된 비판을 받을 수 있기 때문이다.

헌 통화 장수들도 있다. 이들은 거리에서 이미 통용되지 않는 돈이나, 아니면 통화가치가 없어진 동전 등을 사거나 팔았다.

한편 칼 가는 대장장이 직업군은 그리스 로마 시대부터 존재한 것으로 기록에 남아 있다. 프랑스 메로빙거 왕조 때는 이들이 도둑과 결탁한 사건도 있었다. 이들은 칼 가는 도구들을 짊어지고 다니면서 무뎌진 칼이나 가위 등을 기술 있게 잘 갈아서 재사용할 수 있도록 했다. 하지만 이들의 돈 벌이는 만족할 만한 수준은 아

칼과 가위를 가는 장사꾼 옆에 냄비를 고치는
사람이 앉아서 일하고 있다

니었다.

이들 외에도 굴뚝 수리공, 복권 파는 이들, 만병통치약 파는 자들, 이리저리 돌아다니면서 노래하고 연주하는 자들, 이빨 뽑아 주는 자들, 광대들, 가짜 의사들, 길거리에서 웃기는 자들, 집수리 할 것 없느냐고 외치는 이들, 고리대금업자들이 거리를 누볐다.

정말 다양한 직업군들이다. 이들의 공통점은 삶의 기반이 길거리였다는 점이다. 여기서 가장 궁금한 것은 고리대금업자들이다. 요즘이야 은행이 따로 있지만, 당시는 길거리에서 "내 돈 쓰시오! 이자는 몇 퍼센트요"라고 했을 텐데, 돈을 몸에 지니고 이 거리 저 거리를 다니면서 돈을 빌려주는 행위가 다소 위험하지는 않았을까? 아니면 안전을 위한 어떤 법적인 조치가 있었을까? 아니면 당시는 오늘날과는 달리 사회 분위기가 안전했을까? 구체적인 자료가 남아 있지 않아 아쉽다.

이밖에도 길거리에는 꽃 파는 여자들, 바구니 장수들, 헌책 장수들이 뒤엉켜서 각종 불협화음을 냈다. 하지만 시민들은 이런 불협화음 속에도 내가 필요한 물건을 파는 상인들이나 단골 장사꾼들의 목소리를 금세 골라낼 줄 알았다.

당시 파리 시민들의 청력은 전문적인 학자들보다도 월등히 좋았다고 학자들은 말한다. 파리 시민들은 5층에 있어도 자기가 사고자 하는 물건을 파는 장사꾼의 목소리를 알아듣는가 하면, 이 거리 저 거리에서 쏟아져 나오는 장사꾼들의 천차만별의 외침들도 확연하게 분간할 수 있었다고 한다.

예를 들어 한 사람이 쩌렁쩌렁한 목소리로 "얼음 채운 청어가

"관목과 식물 골라 가세요! 싱싱하게
잘 자라는 것들입니다"

왔어요, 청어가 왔다니까요" 하면 다른 장사꾼은 "죽지 않고 살아 있는 싱싱한 청어가 왔습니다"로 맞받아쳤다. 또 다른 한쪽에서는 "불에 구운 사과가 왔어요" 하면 다른 한쪽에서는 "포르투갈에서 막 올라온 굴이오, 굴, 굴 왔어요. 바다에서 금방 나온 굴입니다"라고 외쳤다. 이런 소리들이 뒤섞였지만 시민들은 자신이 원하는 물품을 파는 장사꾼의 목소리를 용케 구분했다.

한번 상상해 보자. 당시 대도시에는 지금처럼 번듯한 가게가 없었고 대신 이런 장사꾼들 수천 혹은 수만 명이 골목을 누비고 다니며 물건을 팔았다. 소음이 좀 들릴지라도 당시의 장사꾼이나 시민은 서로를 당연하게 여기고 소음을 그대로 수용했을 것이다.

이런저런 불협화음을 쏟아내던 거리의 장사꾼들은 19세기부터는 눈에 띄게 줄어들다가 21세기인 지금은 몇몇 직종을 제외하고는 거의 사라져 버렸다. 파리의 하늘 아래서 다들 자기 물건을 조금이라도 더 팔기 위해서 고음과 저음을 번갈아 내면서 목소리를 뿜어내던 장사꾼들은 지금은 자취를 찾을 수가 없다. 단지 문화사의 한 영역으로 이들의 자취가 글과 그림으로 남겨져 있을 뿐이다.

10

동물과 관련된
장사꾼

코끼리가 병이 들자 교황 레오 10세는 그의 주치의들을 불러 진찰을 하게 했다. 교황의 주치의들은 코끼리가 변비에 걸렸으므로 코끼리에게 금이 섞인 하제를 먹여야 한다고 주장했다. 코끼리에게 먹일 변비약에 얼마나 많은 양의 금을 썼을지 짐작이 간다.

페스트의 주범 쥐

유럽에서는 쥐가 유럽 문화사의 한 부분을 차지하고 있다. 페스트를 일으켜 인구를 반으로 감소시킨 주범이 쥐들이었고, 이 쥐를 박멸하겠다고 쥐 잡는 직업군까지 등장했으니 말이다. 파리, 런던, 볼로냐, 함부르크 등에는 쥐잡이들이 수두룩했다. 그림을 보면 죽은 쥐를 몸에 걸고 다니는 모습이 참으로 괴이하다. 죽은 쥐를 몸에 걸고 다니는 이유는 자신이 쥐를 잘 잡는다는 일종의 자기선전이리라. 어떤 쥐잡이가 도시에 나타나 이 도시에 들끓는 쥐를 박멸시켜주겠다고 약속하고 완벽하게 일을 이행했다. 그러나 처음 약속과는 달리 주민들이 대가를 치르지 않자 화가 난 쥐잡이는 복수심에 차서 도시의 어린아이들을 유괴했다는 『하멜의 피리 부는 사나이』 이야기를 기억하고 있는 사람들이 있을 것이다.

그런데 궁금하다. 이들이 몸에 걸치고 다니는 쥐에서는 썩은내가 진동하지 않았을까? 아니면 미라처럼 내장을 다 걷어내고 박제를 해서 갖고 다닌 것일까?

참고 자료를 뒤적이다가 'Hund Bill'이라는 단어가 나오기에 필자는 쥐를 잘 잡았던 가문의 이름을 소개한 줄 알았다. 유럽인들은 동물 이름을 딴 성씨가 많기 때문이다. 예를 들면 딱따구리 씨, 검댕이벌레 씨, 개구리 씨, 애벌레 씨, 검은방울새 씨 등 여기에 다 소개할 수 없을 정도로 수두룩하다. 여기서도 '개씨(Hund, 개라는 뜻)'라는 이가 쥐를 잘 잡은 줄 알았는데 자세히 보니 이 단어는 진짜 개 이름이었다. 하운트라는 이 개는 10분 43초 동안 100마리의 쥐를 잡았다고 소개되어 있다.

쥐잡이가 하나의 직업군으로 당시 사회에 자리를 잡은 것을 보면 쥐 잡는 기술을 보유한 전문가로 보아도 무방하다. 쥐가 설치는 당시의 환경과 우리의 40년 전 환경이 아마도 비슷하지 않을까 싶다. 우리나라에서도 40년 전만 해도 초등학생들에게 학교에서 파리를 잡아 병 속에 넣어 가져오라거나 쥐꼬리를 잘라 가져오라는 숙제를 내준 적이 있다.

독일 라인 강가에 있는 한 도시에는 쥐와 연관된 주교 이야기가 전해진다. 빙겐이라는 곳에는 높이 24.65미터의 쥐탑Mausturm이 있다. 원래는 세금과 관계된 탑이지만 쥐 이야기도 얽혀 있다.

이 탑을 세운 사람은 마인츠 교구의 주교인 하토 2세(Hatto II)이다. 10세기에 기근이 온 나라를 덮쳐 배를 곯는 이들이 도처에 널렸지만, 주교는 자기 곳간에 곡식을 가득 채워두고 굶는 이들에게

쥐잡이들은 자신의 잡은 쥐를 박제해서 몸에
걸고 다녔다. 자신이 그만큼 쥐 잡는 능력이
뛰어나다는 것을 자랑하기 위해서였다

한 톨도 내어 놓지 않았다. 뿐만 아니라 굶주린 이들이 곡물을 달라고 애원하자 이들을 곳간에 가두어 버리고 불을 지르게 했다. 곳간에 갇힌 이들의 고함과 울음소리가 온 하늘을 뒤덮었다. 심보가 고약했던 주교는 그들을 보고 비웃음까지 던졌다. 그 순간 수천 마리의 쥐들이 기어 나와서 주교의 책상과 침대 위를 가득 메웠다고 한다. 그러자 주교는 겁에 질려 쥐들을 피하려고 배를 타고 라인 강 저쪽으로 도망쳤다. 하지만 쥐들이 그를 끝까지 따라와서 그의 몸을 갉아 먹었다고 한다. 이 이야기는 클레멘스 브렌타노Clemens Brentano의 소설의 영감이 되었다.

곰

곰을 데리고 거리에서 장사하는 이들은 이미 중세기 때부터 있었다. 이들은 동물들을 비참하고 무자비하게 학대하면서 돈 벌이에 이용했다. 예를 들면 눈을 찔러 멀게 한 뒤 훈련해 집안일을 시키거나 사람들이 많이 모인 곳에서 눈요깃감으로 내세워 바퀴를 돌리게 하고, 샘에서 물을 길어 올리는 동력으로 사용하는 식이었다. 베리라는 한 귀족은 곰을 너무 좋아해, 그가 움직이는 곳마다 곰을 데리고 다녔다는 기록도 전해진다.

코끼리

당시는 코끼리는 진귀한 동물로 대단한 인기를 끌었고 왕족 간의 선물용으로 사용되기도 했다. 샤를마뉴(Charlemagne, Karl I, 742~814)와 앙리 4세(Henri IV, 1553~1610)는 코끼리를 광적으로 좋아할 뿐 아니라 소유하고 있던 대표적인 인물이다. 루이 9세(Louis IX, 1214~1270)는 자신의 코끼리를 영국의 헨리 3세(Henry III, 1207~1272)에게 선물했다고 한다. 코끼리 사랑은 교황 레오 10세(Leo X, 재위 1513~1521)도 빠지지 않는다.

교황 레오 10세가 당대의 유명 화가 라파엘로(Raffaello, 1483~1520)에게 청탁한 그림 중에 코끼리 그림이 있다. 레오 10세는 과연 어떤 인물이기에 코끼리를 이처럼 아꼈던 것일까?

교황 레오 10세는 1475년 피렌체의 대공 로렌초 데 메디치(Lorenzo de Medici, 1449~1492)의 아홉 명의 자식 중 여섯 번째로 태어났다. 속세의 이름이 조반니인 그는 아들로서는 둘째였지만, 이미 일곱 살 때 미래에 수도자의 길을 걷는다는 성사를 받게 된다. 이 표징은 그가 종교적인 소양이 특출해서라기보다는, 자식 하나를 수도자로 보내 출세를 꿈꾸었던 당시 귀족들의 관습에서 기인한다.

아버지 로렌초는 아들을 추기경으로 만들기 위해 교황 인노첸시오 8세(Innocenz VIII, 재위 1484~1492)에게 잘 봐달라고 청을 했지만 거절당했다. 전쟁이 발발했을 때 로렌초가 교황 인노첸시오 8세 편을 들어주지 않았기 때문이다. 하지만 친척인 피렌체의 추기경이 두 사람 사이에 화해의 다리를 놓자, 교황은 미끼를 덥석 물었다. 1486년 11월 교황 인노첸시오 8세는 자신의 서자인 프란체스코와 로렌초의 딸 막달레나와의 결혼을 제안했다. 로렌초 역시 허락하는 척하면서 자기 아들 조반니를 추기경으로 임명해 달라고 조건을 제시했다.

아버지가 정치 장사를 잘한 덕택에 14세의 조반니는 1489년 3월

9일 추기경이 된다. 한국식으로 따지면 교황 사돈과 매제 덕택에 추기경이 된 것이다. 교황은 그를 추기경으로 임명하고 3년간 비밀을 유지하다가 1492년 3월 2일 공식적으로 조반니가 추기경임을 선포했다. 이 일을 계기로 조반니의 출세 길은 활짝 트이기 시작했다. 그러다 교황인 율리오 2세(Julius Ⅱ, 재위 1503~1513)가 1513년 2월에 죽자 그해 3월, 37세의 조반니가 레오 10세로 교황에 오르게 되었다.

유럽에서는 약 800년경부터 코끼리를 외교적인 선물이나 공물용으로 사용했다. 코끼리가 거대한 힘의 상징이었기 때문이다. 레오 10세가 교황이 되자마자, 포르투갈의 왕 마누엘도 교황에게 코끼리를 선물했다. 마누엘은 이번 기회에 새 교황 레오의 힘을 등에 업고 적대 관계에 있던 스페인을 견제해 보려고 한 것이다.

마누엘이 선물한 코끼리는 70명의 고위 사절단과 함께 바티칸으로 이동을 시작했다. 리스본에서 이탈리아 해변을 거쳐 다시 육지로 오르는 데 몇 주나 걸렸던 꽤나 힘든 여정이었다. 이들이 숙박업소에 머물 때면 수많은 사람들이 몰려들어 코끼리를 구경했다. 어느 날은 여관의 지붕이 내려앉을 정도로 사람들이 몰려든 적도 있었다. 지방의 귀족들은 코끼리를 몰고 오는 사절단에게 자기 영지에서 숙박해 달라고 청하기도 했다. 하지만 코끼리의 이동이 너무 힘들다 보니 교황청에 당도하기도 전에 사절단은 모두 지치고 말았다. 이 사실이 교황 레오 10세에게 보고되자 그는 즉시 스위스 친위병들을 보내 코끼리를 무사히 로마에 도착하게 했다.

한니발 장군의 유명세를 따서 '한노(Hanno)'라는 이름이 붙여

레오 10세의 애완용 코끼리 한노.
라파엘로가 스케치한 그림이다

진 코끼리는 바티칸 정원에 보금자리가 마련될 정도로 지극한 사랑을 받았다. 코끼리를 보살피는 비서까지(?) 정해졌는데 그가 바로 유명한 화가 라파엘로의 친구였던 브란코니노였다.

코끼리가 로마에 도착하자 로마 시민들도 호기심에 못 이겨 바티칸으로 몰려들었다. 특히 시민들은 교황이 코끼리와 노는 모습을 보고 야단법석을 떨며 환호했다. 한번은 교황의 조카인 로렌초 2세가 피렌체의 한 연회에 코끼리를 데려가겠다고 청했지만 교황은 완강히 거절했다. 긴 여행을 하면 코끼리의 건강이 염려된다는 이유였다. 교황 레오 10세는 코끼리에게 신발을 짜맞추어 주었을 정도로 과분한 사랑을 보였다.

동물을 사랑하니 좋은 일 아니냐고 묻는 사람들이 있을 테지만, 문제는 교황이 자기 본분을 잊고 지나치게 동물 사랑에 빠졌다는 점이다. 그의 삶을 먼저 들여다보고 나서 다시 그의 코끼리 사랑 이야기를 마저 하자. 유감스럽게도 레오 10세는 교황이었지만 예수에 대한 강한 믿음은 없는 사람이었다. 그가 한 말이 재미있다.

"모든 세상 사람들이 알 것이다. 우리가 얼마나 예수에 관한 신화를 짜맞추어 넣었는지."

교황이 이런 발언을 하다니 놀라울 뿐이다. 그는 시대를 앞서 종교 다원주의에 관심을 가졌거나 종교를 초월한 경지에 이른 사람이 아니었다. 단지 종교가 아닌 유럽 정치에 막대한 관심을 보였을 뿐이다. 신성로마제국의 황제 막시밀리안 1세(Maximilian I, 1459~1519)가 죽자, 그는 신성로마제국의 황제로 프랑스의 프랑수아 1세(François I, 1494~1547)를 밀다가 곧 마음을 바꿔 전쟁에서 이긴 카를 5세(Karl V, 1500~1558)와 손잡고 프랑스에 대항하기에 이른다.

그가 한 유명한 말이 있다. "신은 즐기라고 우리에게 교황직을 준 것이다."

실제로 그는 이 말처럼 살았다. 로마를 예술과 문화의 중심지로 만든 긍정적인 업적도 있지만, 그의 생활을 들여다보면 낚시는 일 상이었고, 사냥에 매료되어 일주일 내내 사냥만 하러 다녔다. 그가 사냥에 나설 때면 2000명의 동행인이 따라나서야 했다. 이것도 모자라 황소 싸움에 내기를 하고 교황청에 광대들을 상주시켰으며, 광대들이 순발력 있는 위트로 즉시 웃음을 쏟아내는 분위기를 연출하지 못할 경우는 이들을 때리기까지 했다.

호화로운 잔치도 자주 열었다. 잔치를 한 번 열 때마다 10만 두카텐을 지출할 정도로 흥청망청했다. 당시 루터가 1년간 교수 월급으로 받은 돈이 8두카텐이었으니 교황이 얼마나 천문학적인 돈을 썼는지 알 수 있다. 동생 줄리아노가 축제를 연다고 하자, 후원금으로 그에게 15만 두카텐을 내줄 정도로 기분파였지만, 예수를 이어받아 이웃사랑을 베푼 것 같지는 않다.

레오 10세는 성직 매매도 했다. 사학자 헤르만Hermann에 의하면 그가 성직을 2200차례 팔아 챙긴 돈이 3밀리온Millionen인데 이는 교황청의 수입을 6배로 불려주는 장사였다고 한다. 또한 한꺼번에 31명의 추기경을 임명하고 그들에게 받은 돈이 30만 두카텐이었다. 이것으로도 부족했던지 40% 이자를 받는 돈놀이까지 했다. 이렇게 모은 돈으로 이웃을 돕기는커녕 그는 전쟁 비용에 80만 두카텐을 투자했다. 이 돈은 바티칸 한 해 예산의 절반에 이르는 거금이었다. 7년간 교황직에 있으면서 5밀리온을 지출했던 그는 결국 교황청의 재정을 바닥내기에 이르렀다. 그러자 교회를 짓는 비용을 충당하기 위해 급기야 종교개혁의 도화선이 된 면죄부를 팔기 시작했다.

1517년 10월 31일, 루터는 독일 비텐베르크의 교회 벽에 방을 붙였다. 그는 교황의 면죄부 판매 및 교리 해석에 반대하는 95조항을 붙이면서 종교개혁에 불을 질렀다. 하지만 레오 10세는 루터의 반박을 대수롭지 않게 여겼다. 그리고 교황의 권한으로 1521년 6월, 교서를 반포하여 루터를 공식적으로 파문했다.

교황은 루터의 종교개혁을 가볍게 판단했다. 그도 그럴 것이 성직을 매매하고, 어린 조카를 추기경으로 임명하고 본분에 어긋난 호화 파티를 한 것은 사실 레오 10세 이전의 교황들도 무수히 저지른 일이기 때문이다. 예를 들면 갈리스토 3세(Calixtus III, 재위 1455~1458)부터 식스토 4세(Sixtus IV, 재위 1471~1484)에 이르기까지 뿌리 깊게 누적된 교황청의 부패의 고리를 루터가 터트린 셈이다.

다시 레오 10세의 코끼리 이야기로 돌아가 보자. 달이 차면 기우는 법, 우연인지 필연이지 무서운 사고가 일어났다. 루이 12세(Louis XII, 1462~1515)의 여동생 사보이의 필리베르타와 혼인한 동생 줄리아노가 로마를 방문하기로 했다. 교황청은 손님 맞을 준비로 분주해졌다. 그 중 하나가 그들이 들어오는 길에 화려한 개선문을 만드는 것이었다. 거대한 천막을 치고 귀족들이 즐비하게 늘어서서 손님 맞을 차비를 마치자마자 화려하고 요란한 잔치가 시작되었다. 이 자리에 코끼리 '한노'가 빠질 수 없었다.

교황의 손님들이 당도하자, 무장한 군인들이 예포를 쏘아댔다. 그러자 굉음에 놀란 코끼리가 공포를 느끼면서 미친 듯 날뛰기 시작했다. 순식간에 영접식장은 아수라장이 되었다. 이때 공적인 집계로 13명이 목숨을 잃었는데 레오 10세의 형제 줄리아노도 여기에 포함되었다.

곧이어 이상한 일이 일어났다. 교황도 열에 시달리며 고통스러워한 것이다. 그때 점성학을 하는 수사가 예언을 했다. 코끼리가 곧 죽을 징조라는 것이다. 그러더니 6월에 코끼리가 병이 들어 겨우 호흡만 하는 지경에 이르렀다. 레오 10세는 즉시 그의 주치의들을 불러 진찰을 하게 했다. 코끼리가 숨이 가쁜 건 후두염 탓이고 그 때문에 변비에 걸렸다는 사실이 밝혀졌다. 교황의 주치의들은 코끼리의 변비를 낫게 하기 위해 코끼리에게 금이 섞인 하제를 먹여야 한다고 주장했다. 당시 사람들은 변비약으로 약간의 금을 섞어 먹었는데, 문제는 사람에 비해 코끼리의 몸집이 크다는 점이다. 코끼리에게 먹일 변비약에 얼마나 많은 양의 금을 썼을지 짐작이 간다. 하지만 소용없었다. 한노는 1516년 6월 8일 죽었다. 교황은 화가 라파엘로를 불러 코끼리 그림을 다시 그리게 했다. 뿐만 아니라 한노의 장례식을 거대하게 치른 후 코끼리를 바티칸 담벼락에 묻어 주었다.

코끼리를 떠나보낸 후 그는 공적인 자리에서도 한노의 죽음 때문에 고통과 슬픔을 참지 못하겠다고 이야기해서 사람들의 조롱을 받았다. 한노에 대한 사랑을 과시했던 교황은 마치 사람이 죽었을 때처럼 '한노가 후두염으로 죽었다'는 사망 증명서를 작성했으며 기념비를 세워 주기까지 했다. 바티칸에 세웠다는 한노의 기념비는 지금은 남아 있지 않지만 그 자취는 찾을 수 있다(1962년 바티칸의 도서관 건축 중 동물의 거대한 뼈 무더기와 커다란 이빨이 발견되었다. 그리고 1990년대의 발굴에서도 뼈와 이빨 등을 발견했는데 이것을 전문가들은 코끼리 한노의 뼈로 추측하고 있다).

로마 시민들 그리고 나중엔 신교도들이 나서서 교황의 코끼리 사랑에 조롱을 가하기 시작했다. 당대의 문인들도 교황을 조롱하는 글을 썼다. 뿐만 아니다. 죽은 한노에 대한 이야기가 로마에는 우스꽝스럽게 각색되어 널리 퍼져 나갔다. 오늘날 난무하는 인터넷의 댓글을 연상하면 되리라. 이런 모습을 보자니 현재 예수의 정신을 진정으로 실천하려고 노력하는 현 교황 프란치스코의 모습이 더욱 돋보이는 것은 어쩔 수 없다.

교황 레오 10세는 1521년 겨울, 감기로 사망했다. 갑자기 죽는 바람에 가톨릭 교리에 따라 반드시 받아야 할 종부성사도 받지 못했다. 일각에서는 그의 죽음이 자연사가 아니라고 주장했다. 시신이 검은색으로 변한 데다가 심하게 부풀어 올랐기 때문이다. 교황이 독살 당했다는 의심을 잠재울 수가 없었다. 그의 죽음에 프랑스가 개입했을 것이라고 추측한 측근들은 한 용의자를 잡아 심문을 했지만 단서를 잡지 못했다. 그런데 뜻밖에도 메디치 가의 추기경이 나서서 이 혐의자를 풀어주라고 지시했다. 메디치 가로서는 프랑수아 I세와 원수지간이 되고 싶지 않았던 것이다. 이젠 정

1521년 반포한 교황의 교서
《마르틴 루터의 오류에 관하여
(Contra errores Martini Lutheri)》

화가 라파엘로가 그린 교황 레오 10세와 추기경들.
가운데는 레오 10세, 왼쪽에는 줄리아노의 아들이자 후에
교황 클레멘스 7세가 된 줄리오 데 메디치가 있으며,
오른쪽에는 루이지 데 로시가 있다. 두 추기경은
교황의 권위를 받쳐주는 인물들이었다

승의 개가 죽은 게 아니고 정승이 죽었는데 싸워봐야 무슨 승산이 있겠는가? 거기다 레오 10세가 교황으로 반듯하게 살았던 것도 아니었질 않는가.

흥청망청 교황청 재산을 탕진했던 교황 레오 10세는 많은 빚을 남겼다. 심지어 장례에 쓸 초 값조차 대지 못할 정도였다. 과장이 섞였겠지만 그만큼 그의 낭비벽이 심했다는 뜻일 것이다. 그의 유골은 산타 마리아 소프라 미네르바 교회^{Basilica di Santa Maria sopra Minerva}에 안치되었다. 죽기 전 반드시 받아야 할 종부성사도 받지 못하고, 바티칸에 빚만 잔뜩 지운 교황이 하늘나라에 가 과연 어떤 대접을 받았을까? 천국에서 교황의 빚을 간접적으로 탕감해 주었을까? 인간이 '어떤 자리'에 앉으면 '그 자리에 상응하는 삶'을 살다 가야 한다는 것을 그의 예를 통해 다시 한 번 느낀다.

진기한 동물들

프랑스에 들어온 무소는 1749년에 바르세이유^{Versailles}에서 처음 공개되었다. 네덜란드 상인이 이상하게 생긴 괴물^{Ungetuem/Scheusal}을 시장에 가지고 나와 팔려고 한다는 소식을 듣고 한 왕이 관심을 가졌지만 가격을 듣고 기절초풍했다고 한다. 값이 10만 탈러^{Taler}나 나갔기 때문이다. 당시 탈러의 가치는 잘 모르지만 0이 많이 붙은 것으로 봐서는 만만치 않은 가격임이 틀림없다. 네덜란드 상인은 그날 시장에 선 보였던 다른 동물들을 비싼 값에 팔아 돈을 챙긴 뒤 바다를 건너다가 로마와 나폴리 사이 바다에서 배가 침몰돼 무소와 함께 수장되었다고 한다. 그 바다 밑에는 당시 그가 지녔던 돈이 잠겨 있을 것이다. 아쉬운 것은 연대사가들이 무소를 '괴물'이라고 표현했는데 어떤 형상을 한 어떤 괴물이었는지 좀더 상세한 서술이 없다는 점이다.

그 다음 해에 시장에 등장한 것은 사다새였다. 프랑스에서는 전혀 볼 수 없는 새였다. 다음은 바다표범Seebaer이 등장했고, 한 세기 후에는 기린, 기니피그 등이 등장했다. 지금은 매스컴의 발달로 진기한 동물들을 직접 보지 못하더라도 다른 영상 매체를 통해서 얼마든지 접할 수 있지만 별 다른 매체가 없던 당시는 이런 동물들을 직접 본다는 것만으로도 신기하고 놀라운 일이었을 것이다.

카나리아는 다른 동물보다 좀 이른 시기인 1400년경 프랑스에 수입되었다. 루이 10세가 카나리아의 수집광이었기 때문이다. 1482년에는 카나리아를 파는 시장도 생겼다. 여기서는 단순히 카나리아 만을 파는 게 아니라 여러 동물들을 사고팔았고, 동물들이 기이한 재주를 부리며 호객 행위를 했다. 원숭이가 바이올린을 연주하고 코끼리가 럼주 한 병을 마시고, 믿기 어렵지만 말이 수학 공식을 외거나 총을 쏘는 모습을 보여주기도 했다. 당시 상인들은 개가 프랑스와 영어를 읽고, 숫양이 숫자를 셀 수 있다고 호객 행위를 한 모양이다.

거짓말 같은 이야기도 더러 섞인 듯하다. 사진 기술이 발달했다면 이런 것을 믿을 수 있게 남겨 놓았을 터인데 아쉽기만 하다. 오늘날에 이런 동물들의 재주를 관중에게 보이면 동물학대죄로 걸릴 수도 있다. 동물들이 이런 행동을 하기까지 얼마나 많은 학대를 당하고 고된 훈련을 받았겠는가?

음악에 맞춰
춤추는 강아지

    길거리에는 다른 기이한 볼거리들도 많았다. 머리가 2개 달린 남자, 몸이 완전히 털로 뒤덮인 아이, 흑인이지만 백인의 피부색을 지닌 여자, 산돼지 인간 등이 거리에서 구걸을 했다고 자료에 남아 있다. 사료에 기록되어 있다 하더라도 완전히 믿을 수 있는 것은 아니지만 요즘도 기이한 일들이 세상 도처에서 일어나고 있으니 완전히 거짓이라고 볼 수도 없다.

    더 믿지 못할 이야기도 있다고 기록에는 나와 있다. 입이 아닌 배로 말을 하는 사람에 대한 이야기이다. 이런 것은 실제의 상황이라기보다는 아마도 마술로 눈을 속였을 가능성이 더 크다. 그 외에도 인형극이나 마술사, 작은 책자를 파는 사람 등 여러 장사꾼들이 동물 시장에서 사람들의 눈길을 끌었다.

동물과 인간을 거세해 주는 사람

"개털을 깎아 줍니다. 고양이도 거세해 줍니다. 그리고 부인도 요! 그러니 주소 남겨 놓으시오!"

개인에 따라 다소 다른 내용을 외쳤지만 공통점은 우스갯소리를 섞어 장사를 했다는 사실이다. 거세해 주는 자의 'Scherer'라는 단어는 '깎는다'는 의미와 더불어 '외과의술'의 뜻도 지니고 있다. 당시는 외과의가 따로 있었던 게 아니라 적당한 의술을 지닌 자들이 수술을 하던 시대였다. 목욕탕이나 이발소에서 수염을 깎아 주던 이들도 외과수술을 했다.

이들이 털만 깎지 않고 인간의 질병까지 치료했다는 사실은 지난 번 책(『중세의 뒷골목 풍경』)에서도 서술한 바 있다. 앞에 이미 소개했던 모피 장수들도 칼을 가지고 다니면서 동물들을 거세했지만 전적으로 외과의의 일을 하는 사람들은 아니었다.

1500년대인 16세기부터 존재했던 거세자들은 동물만 거세한 것이 아니라 남성의 고환도 거세했다. 거세는 특히 스페인에서 더 많이 행해졌는데 거세를 하면 경련과 발작을 미리 저지할 수 있을 뿐만 아니라, 중풍도 예방할 수 있다는 이상한 이론이 퍼져 있었던 탓이다. 당시 유명한 프랑스 외과 의사이자 여러 왕들(앙리 2세, 프랑수아 2세, 샤를 9세, 앙리 3세)의 주치의를 지내던 앙브루아즈 (Ambroise, 1510~1590)는 이런 비정상적인 이론에 거의 유일하게 강한 반론을 제기한 사람이다. 그는 남성의 고환이 얼마나 중요한지 계몽하였다. 특히 자식을 낳는 데 결정적인 역할을 하며, 이것이 없으면 가정의 평화도 깨진다고 주장하면서 남성을 거세하는 터무니없는 일을 당장 중지하라고 외쳤다. 당시 그의 주장이 당시 사람들에게 어느 정도 받아들여졌을지 궁금하다.

　이런 이야기들과 연관된 황당한 기록도 남아 있다. 1700년경 이런 직업군에 있는 한 사람이 시술 후에 남겨진 고환들을 모아 집으로 가져와 개 먹잇감으로 사용했다는 기록이다. 침대 밑이나 식탁 밑에 충성스럽게 붙어 있던 개에게 그날 잘라낸 고환을 던져 주었다 하는데, 개들이 상당히 즐겨 먹었다는 다소 충격적인 기록이다.

11

런던의
장사꾼

어린 아이들도 가난 때문에 거리로 나와 물건을 팔았다. 이미 어른들에게 장사의 전 과정을 배우고 온 아이들이라 순진하지는 않았다. 소녀들은 꽃을 들고 어른들의 주위를 돌면서 "아저씨 아줌마! 제 꽃 사주세요! 전 아주 가련한 소녀랍니다" 하면서 동정심을 유발하였다.

문학과 그림에 남아 있는 런던의 장사꾼

런던에도 파리와 마찬가지로 길거리의 장사꾼에 대한 기록이 많이 남아 있다. 특히 1420년 베네딕토 수도회에서 교육받은 궁정 시인 존 리드게이트가 기록한 글에 당시 런던의 모습이 상세하게 드러나 있다. 런던의 장사꾼들은 셰익스피어의 작품에는 물론, 16세기말 로저Roger Warde의 코미디에도 나올 정도로 잘 알려져 있다.

세월이 흘러 1609년 작가 존 포드John Ford가 길거리의 장사꾼에게 영감을 얻어 글을 썼고, 17세기에는 프란츠 호겐베르크가 많은 그림을 남겼다. 1585년 로마의 로렌초 바카리Lorenzo Vaccari의 작품에도 이들의 모습이 나타난다. 그 외에도 빅토르 위고, 발자크의 작품 속에 당시 길거리를 무대로 살아가던 장사꾼들의 모습이 남아 있다.

1841년의 통계에 의하면 런던의 길거리의 장사꾼들은 4만 명 가량이었지만, 학자들은 거리의 악사, 헌 옷 장수들, 굴뚝청소부, 잡동사니 모으는 자들, 의자 고치는 이들, 구두닦이 등을 합쳐 약 5만 명가량으로 어림잡고 있다. 당시는 인구가 오늘날처럼 많지 않았을 텐데 이 숫자의 장사꾼들이 거리를 누볐다니 놀라울 따름이다. 분석해 보면 인구의 4분의 1가량이 거리에서 장사를 한 셈이다. 학자들은 거리에서 장사를 하던 이들이 대개 읽고 쓰고 셈을 못했기 때문에 당시의 통계에 동참하지 못하고 누락된 경우가 더 많았을 것이라고 주장한다. 이런 전제 아래 더 많은 숫자의 사람들이 길거리에서 장사를 하며 돈을 벌었다는 추측이 가능하다.

어쨌든 다 먹고 살기 위해 이렇게 거리를 나섰던 사람들이 삶의 에너지를 발산하다가 지금은 형체도 없이 사라져 버렸다는 사실이 왠지 봄에 핀 꽃이 가을 즈음에 지는 것과 비슷한 이치처럼 느껴진다. 우리 역시 옛사람들과 다를 바 없이 만개했다 쇠락하는 그 길을 걷고 있다는 사실도 되새겨 보게 된다.

해산물을 좋아한 런던 시민들

길거리에는 양파 몇 개를 손에 들고 구슬픈 목소리로 양파 사줄 사람을 찾는 사람이 있는가 하면 다른 한쪽에선 "따뜻한 군밤이요! 1페니에 20개 드립니다"라고 외치는 군밤 장수, 또 옆에는 "사시사시시사시 사-시-오!"라고 고기 장수의 외침도 들렸다. 한 남자가 붉게 물들인 양탄자를 어깨에 걸치거나 등에 지고 서 있고 그 옆에는 바구니에 호도를 담고 있는 소녀가 "좋은 호도 사시오!" 하고 소리를 지른다. 런던 역시 파리와 다를 바 없이 장사꾼들이 길 거리에 뒤섞여 서로 자기 물건을 사라고 소리를 질렀다. 시각 장애인이 뭔가를 소리 내어 읊으며 동냥을 하면, 옆에 앉아서 대나무로 만든 피리를 부는 사나이의 처절한 음에 눌려 버렸다. 어린 아이들의 찢어지는 고함 소리, 여인들의 앙칼진 목소리도 뒤섞였다.

길거리의 장사꾼들은 읽고 쓰지도 못하고 셈도 못했지만 장사를 하는 데는 무리가 없었다. 돈을 주고받을 때도 틀리는 법이 없었다. 오랜 옛날, 셈을 하지 못했던 필자의 할머니는 성냥을 가지고 계산을 했는데, 이들도 뭔가 나름의 계산법이 있었으리라 여겨진다.

어떤 때는 10세도 안 된 아이가 짐수레를 끌고 나와서 물건을 팔았다. 이런 경우는 아무래도 어른들의 동정심을 사게 되니 물건이 잘 팔릴 수밖에 없다. 가난 때문에 거리로 나와 물건을 팔았던 아이들은 마냥 순수한 아이들이 아니었다. 이미 어른들에게 장사의 전 과정을 배우고 왔기 때문이다. 소녀들은 꽃을 들고 어른들의 주위를 돌면서 "아저씨! 제 꽃 하나 사주세요, 아줌마, 꽃다발 하나 팔아주세요! 전 아주 가련한 소녀랍니다" 하면서 동정심을 유발하였다.

장사꾼들에게 붙어 도우미를 하던 아이들은 오후가 되면 걱정스러운 목소리로 주인에게 물었다. "내일 와서 다시 도와줄까요?" 아이들이 주로 파는 물건은 호도나, 귤, 감귤이었다. 이런 아이들의 대다수는 후에 도둑이 되거나 나쁜 일을 저질러 감옥으로 간 경우가 많았다. 부산스럽고 컴컴한 런던의 거리가 상상이 된다.

이외에도 런던 시내에는 파리와 마찬가지로 생선과 해산물 장수들이 누비고 다녔다. "신선한 고등어 사세요! 물 좋은 고등어 사세요!" "내 물고기 사세요! 살아 있는 물고기를 사세요" "살아 있는 뱀장어 사세요!" "신선한 청어 사세요 청어!" 당시 런던 시민들은 생선을 즐겨 먹었다. 나라 자체가 바다로 둘러 싸여 있으니 그리 놀라운 일은 아니다.

길거리의 생선 장수들은 1년에 875밀리오넨^{Millionen}의 청어, 6.5밀리오넨의 가자미, 40만 마리의 뱀장어를 팔았고, 건조시킨 뱀장어도 팔았다. 우리가 말린 오징어를 먹는 것처럼 런던 시민들도 말린 뱀장어를 사서 그 자리에서 먹었다.

굴 장수는 런던의 가장 오래된 장사꾼들 중의 하나였다. 엘리자베스 여왕 통치 시대에 이미 거리에서 이런 소리가 자주 들렸다. "굴! 굴이 왔어요! 신선한 굴이 왔답니다."

바다 달팽이도 1800년경 런던 시민들이 자주 찾는 해산물이었다. 심지어 차에 넣어서 먹는 사람도 있었다. 그만큼 달팽이를 좋아하는 사람들이 많았기 때문에 사시사철 이것만을 파는 이들도 있었다.

다른 거리에서는 "닭고기 사세요 닭고기! 신선하고 오동통 하게 살찐 닭고기 사세요" "토끼고기 사세요" "오리 사세요" 하는 소리가 시도 때도 없이 들렸다. 채소 장수들도 마찬가지였다. "신선한 완두콩 왔어요, 자 누가 떨이 하세요!" "신선한 딸기 사세요! 방금 따왔어요. 아주 신선하답니다."

런던에는 동물의 내장으로 만든 사료를 파는 이들도 많았다. 이들은 고양이와 개를 죽여서 그 내장을 사료로 만들어 팔러 다녔다. 이들의 숫자가 1000명에 이를 정도였다고 한다. 이들의 복장은 특이했으며 늘 술에 취해 거리를 누비고 다녔다. 이 시기 런던에는 30만 마리의 고양이가 득실거렸다. 이들은 주로 가죽 벗기는 이들에게 동물의 내장을 받아 왔는데, 가죽 벗기는 이들은 1년에 3만 7500마리의 말을 다루었다고 한다.

　런던의 길거리도 장사꾼들이 자기 물건을 팔기 위하여 고함치는 소리는 파리와 거의 같았다. 그 중에서도 가장 유사한 것은 헌옷 장수들이었다. 또한 런던의 땜장이들은 뚫어진 냄비나 주전자를 들고 오면 땜질을 하다가 주인 모르게 은근슬쩍 또 하나의 구멍을 뚫어 버렸다고 한다. 주인에게 구멍이 더 있다며 그 자리에서 다시 때워 수선비를 받기 위해서였다. 그 외에도 거리의 악사, 이리저리 돌아다니며 노래하는 여인들, 불을 먹는 모습을 연기하는 사람들, 사슬을 끊는 묘기를 하는 사람들이 길거리를 누비고 다녔다. 다음 장에서는 런던 길거리의 장사꾼을 그림으로 소개한다.

"의자 고칩니다.
의자 고칩니다"

"잘 익은 양파
4줄기 사세요!"

"양고기
만두예요!
따끈따끈하고
맛있는
양고기 만두
사세요!"

잘 익은 딸기를
파는 여인

"검 사세요! 색칠한 것도 있고 기본형도
있습니다!" 검 파는 사람 옆에 꽃 파는 아가씨가
지나가며 꽃을 팔고 있다. "아름다운 들장미가
있어요. 너무 예쁩니다. 와서 사가세요!"

"잘 익은 체리가
1파운드에
6펜스입니다"

해마다 5월초, 축제가 열리면 완두콩 장수가
대목을 맞았다. "어린 완두콩 팝니다.
입맞춤 한 번에 10펜스예요."

"사과 사세요!
1페니에 많이
드릴게요.
사과 사세요"

"침대 매트나
문앞에 놓는
매트 팝니다"

"하얀 식초가
1쿼트에
3펜스입니다"

1820년 종교적인 성물을 거리에서 팔고 있는
장사꾼. 성화나 종 등이 보인다.

1820년경 런던에서 토끼고기 파는 사람. 당시
런던에 사는 이들이 1년간 먹은 토끼고기가
60만 마리에 이른다고 한다. 그 외에도 런던
시민들은 닭고기를 즐겨 먹었다.

12.
독어권 및 다른
유럽의 길거리 풍경

베를린에는 '가난한 이들을 관찰하는' 직업이 있었다. 말 그대로 가난한 이들을 거리에서 찾아내는 게 이들의 업무였다. 이들은 구걸하는 이들 역시 관리했다. 이들에게 발견된 구걸하는 사람들은 노동자의 집으로 보내졌다.

마르크트슈라이어

독일에서는 지금도 특정 지역에서 호객하며 물건 파는 상인을 마르크트슈라이어Marktschreier라고 부른다. '자기 상품을 소리치면서 파는 이들'을 지칭하는데 이들은 일반인들에게 인기가 많다. 치즈 종류뿐만 아니라 많은 물건을 바구니에 가득 담아 아주 싼 가격에 팔기 때문에 이들에게 물건을 사는 것은 횡재나 다름없다.

언젠가 독일 TV에서 마르크트슈라이어들을 취재해 방송으로 내보낸 적이 있다. 리포터는 "엄청나게 많은 물건을 담아서 그렇게 싼 가격에 파는데 도대체 이윤이 남느냐?"고 물었다. 그러자 마르크트슈라이어는 "그래도 이윤은 남는다"고 대답했다. 자기들이 정신없이 빠른 손놀림으로 이 물건 저 물건을 바구니에 넣어서 아주 싼 값에 파는 것은 사실이지만 머릿속으로는 늘 이윤을 계산하고 있다는 것이다. 이들이 있는 시장에는 사람들이 늘 북적거린다. 적은 돈으로 많은 것을 싸게 살 수 있기 때문이다. 이들은 인터넷 홈페이지를 열어두고 언제 어디서 몇 시부터 몇 시까지 '마르크트슈라이어'가 열린다는 공고를 내보낸다. 그러면 소비자들은 그 날을 기다렸다가 물건을 사러 간다.

독일을 대표하는 큰 시장 중 하나가 크리스마스 시장이다. 이 시장은 크리스마스를 앞두고 4주간 열리는 시장으로 독일인들에게 큰 사랑을 받고 있다. 크리스마스 시장은 외지인들이라면 볼만한 구경거리가 많다. 소도시나 대도시 할 것 없이 크리스마스 전 4주간은 사람들이 선물을 사기 위해 몰려나와서 길거리가 매우 흥청거린다. 그러다 따뜻한 글루와인을 한 잔 마시고 얼큰한 기분을 마음껏 즐기는 사람들도 많다. 독일에서는 뉘른베르크 크리스마스 야시장이 전통적으로 유명하다. 이즈음에 여행 상품도 등장한다. 야시장에 갈 손님을 모아 '크리스마스 야시장 일일여행'이란 제목으로 여행 상품을 내어 놓는 것이다.

필자는 뉘른베르크에는 가보지 못했지만 쾰른과 프랑크푸르트 그리고 스위스의 야시장은 구경하였다. 각 야시장마다 나름의 아름다움과 특유의 운치가 있었다. 특히 스위스의 한 도시에서는 크리스마스 야시장이 거대한 호수 주변에서 열렸는데 그 야시장의 전경은 지금 생각해도 한 폭의 그림 같은 기억으로 남아 있다. 푸르디푸른 맑은 물을 가득 채운 대 호수와 알프스 산등성 줄기가 배경으로 깔려 있어 매우 아름다웠다.

토요일에는 토요 시장도 열린다. 이 시장에서도 소시지, 생선,

꽃부터 다양한 물건을 판다. 예전에는 시골에서 사람들이 직접 물건을 팔러 나왔는데 이젠 시골에서 수확한 채소를 가지고 오는 사람들보다는 차를 끌고 이 장 저 장을 다니며 장사하는 전문 장사꾼들이 더 많다. 그래도 독일인들은 토요 시장을 매우 즐긴다.

필자가 살았던 도시의 토요 시장에서 겪은 일이다. 독일 소시지를 파는 할머니 집 앞에는 늘 사람들이 북적거렸다. 어떤 날은 길게 줄까지 서서 기다려야 할 정도였다. 그런데 옆집의 할아버지 가게는 늘 파리를 날리고 있어서 개인적으로 매우 안타까웠다. 하루는 그 할아버지 집 소시지를 사 먹어 보았는데 아쉽게도 맛이 없었다. 왜 사람들이 그 할머니 집에 바글거리는지 알 수 있었다. 벌써 20여 년 전 일이다.

그런데 최근의 관점으로는 재해석이 가능하다. 웰빙이 대세를 이루고 있는 환경에 비추어 볼 때 할아버지가 오히려 양심적으로 물건을 팔았을 수도 있기 때문이다. 반면에 늘 사람들로 북적거렸던 할머니의 소시지는 많은 인공조미료를 넣어서 맛을 낸 것일 수도 있다. 그 당시만 해도 자연음식에 대한 관심이 덜한 때라 사람들은 어쨌든 감칠맛 나는 것을 찾았다. 감칠맛을 내기 위해서는 화학조미료를 쓰는 것 외에는 별 방법이 없을 것이다. 이젠 시대의 흐름이 바뀌어 화학조미료가 덜 들어가거나 안 들어간 음식을 찾는 경향들이 강하지 않는가? 할머니에 비해 손님이 없어서 늘 의자에 앉아 있던 할아버지의 슬픈 얼굴이 지금도 떠오른다. 지금 생각해 보니 그 할아버지는 속으로 다음과 같이 외쳤을 지도 모른다. "조미료가 듬뿍 들어간 옆집 소시지 대신 천연으로 맛을 낸 우리 집 소시지를 사가시오!"

웰빙이라는 새 단어가 생겨날 정도로 지금은 다른 시대에 살고 있고, 음식에 대한 해석 또한 달라진 시대이다. 예전엔 우유나 신문을 배달하는 사람이 생계 때문에 이른 새벽에 집을 나선 경우가 대부분이었다. 이제는 우유 배달 하는 이들, 신문 배달하는 이들이 돈을 벌기 위해서뿐만 아니라 이런 배달을 통해서 그야말로 웰빙 생활을 한다는 해석이 필요한 경우가 더 많다. 이렇게 시대가 바뀌면서 물건을 파는 사람들에 대한 재해석이 얼마든지 가능해진 것이다.

다음 장에서는 독어권의 그림 자료를 바탕으로 길거리의 장사꾼들을 조명해 본다.

독어권이란 독일을 포함해 독일어를 쓰는 스위스와 오스트리아를 포함하는 광범위한 지역을 지칭한다. 당시 대도시에 속하는 빈, 취리히, 바젤, 쾰른, 괴팅겐, 단치히, 베를린, 뉘른베르크, 라이프치히 그리고 함부르크 등지이다. 역사와 지역적인 상황이 다르고 또 정치와 문화적인 차이도 있기 때문에 도시들마다 상황이 조금씩 다른 것이 사실이다. 하지만 그림을 보면 공통점이 더 많다는 사실을 알 수 있다. 지역이나 정치적인 상황은 달랐지만 16세기의 그림들을 보면 파리나 런던과 별반 다르지 않은 독어권 상인들의 모습을 엿볼 수 있다. 또한 이를 통해 유럽의 길거리 문화의 공통점을 찾을 수 있을 것이다.

그림 파는 사람

　좌판을 메고 다니면서 거리에서 그림을 파는 사람이다. 그가 가지고 다니는 그림 중에는 종교적인 성물, 지도, 진기한 그림, 유명한 이들의 초상화 등이 있다. 오늘날로 치면 유명 배우들이나 유명한 그림들의 복사판을 파는 사람인 듯하다. 당시 이들에게는 팔면 안 되는 그림도 있었다. 바로 성적인 것을 묘사한 그림들이다. 하지만 장사꾼들은 이런 것들을 은밀하게 감추어 두었다가 단골 손님이 오면 은근슬쩍 팔기도 했다. 또한 청소년들에게도 팔지 말아야 할 것을 몰래 팔아서 종종 문제가 되었다고 한다.

거리에서 그림
파는 장사꾼

치즈 파는 사람

1786년 네덜란드 치즈를 판매하는 베를린의 장사꾼이다. 당시 유럽에는 네덜란드 치즈, 특히 림부르크^{Limburg} 치즈가 매우 유명했다. 치즈를 파는 장사꾼들은 치즈만 파는 게 아니라 대부분 소시지도 같이 팔았다.

네덜란드 치즈를 판매하는 베를린의 장사꾼

칼 가는 사람

　그림의 배경은 1816년 베를린이다. 이 그림에 등장한 남자는 배우 뺨칠 정도로 얼굴이 잘생겼는데 의외로 험한 일을 하고 있다. 잘은 모르지만 이 남자는 이 직업을 통해서 많은 돈을 벌어 말년에는 편안한 삶을 살았을지도 모른다. 이 직업군도 우리에게 그리 낯설지 않다. 30~40년 전 우리나라에도 거리에서 "칼 가시오! 가위 가시오!" 하면서 다닌 사람들이 많았기 때문이다. 특히 시골은 더 말할 것도 없었다.

베를린의
칼 가는 사람

바구니에 물건을 담아 파는 행상인

1830년 베를린의 장사꾼이다. 장애가 있는 그녀는 장사꾼들 중에서도 가장 신분이 낮은 계층에 속했다. 앉아서 물건을 팔기도 했지만, 바구니에 물건을 담아서 이 거리 저 거리를 다니거나 집집마다 다니며 주인에게 물건을 내 보이고 팔기도 했다. 이들이 바구니에 담아 다니는 물건은 계절에 따라 달랐다.

1960~1970년에는 우리나라에도 장사꾼들이 집집마다 방문하여 문을 두드리면 주인이 문을 열어주고, 마음에 드는 물건을 고르면서 이런저런 인간적인 이야기를 나누던 시절이 있었다. 세상이 너무나 무섭게 변한 요즘은 생각할 수도 없는 상황이다.

바구니에 물건을
담아 파는 여인으로,
최하층 계급에 속했다

재단사

　1830년 베를린의 재단사 아가씨이다. 이런 여인들을 거리의 장
사꾼으로 분류하기에는 옷차림이 지나치게 호화스러워서 여기에
넣기 망설여진다. 그렇지만 이런 여인들의 이야기가 길거리의 장
사꾼들을 다룬 기록에 같이 실려 있는 것을 보면 당시 사람들은
이들도 길거리의 장사꾼의 일종으로 보았던 듯하다. 이 여인은 지
금 옷을 잘 차려입고 일하러 나가고 있다.

옷을 잘
차려입고
일하러 나가는
재단사 아가씨

우체부

우체부 이야기가 나온 김에 독일의 우편 역사를 잠시 살펴보기로 하자. 독일의 드레스덴은 1575~1600년의 우편 역사가 기록으로 남아 있을 뿐만 아니라 우체국의 역사를 연구하는 사람까지 있을 정도로 기록 문화가 발달했다. 당시 우체부는 사람의 사연을 실어 나르는 직업이라서 매우 신뢰받는 직업군에 속했다.

한 우체부가 길거리에서 우연히 주운 반지 하나 때문에 운명이 바뀐 이야기를 소개한다. 1490년, 슈투트가르트 부근에 있는 도시 에슬링겐Esslingen에서 일했던 우체부 미카엘 반하르트의 이야기이다. 이 도시에 60세 된 아담이라는 재력가가 조카 마티아스와 함께 살고 있었다.

18세의 마티아스는 20세가 된 애인이 있었는데 두 사람은 하루 빨리 결혼을 하려고 했다. 문제는 결혼 자금이었다. 마티아스는 삼촌 아담이 결혼을 하지 않았으니 언젠가는 삼촌의 재산이 자기에게 넘어오리라고 기대하고 있었다. 하지만 60세의 삼촌이 지나치게 건강해서 그의 재산이 자기들에게 넘어 오려면 상당한 시간이 걸리겠다는 생각을 하게 된다. 그는 재산을 빨리 취득하고 싶은 마음에 삼촌을 살해하고 만다.

삼촌이 죽자 마티아스는 죽은 삼촌의 무덤을 화려하게 꾸미고 그의 죽음을 깊이 애도하였다. 살인을 숨기기 위한 쇼였다. 사람들은 누구도 마티아스를 살인자로 생각하지 못했다. 다른 곳에 있을 살인자를 찾아 나섰지만 몇 달간 범인이 잡히지 않은 상태에서 살인자를 둘러싸고 갖은 이야기만 오가고 있었다.

이때 우체부 미카엘이 이 일에 얽혀 들었다. 그는 우체부로서 공무를 집행하러 나섰다가 길에서 근사한 반지를 주웠다. 그는 이 반지를 주인에게 돌려주기 위해 경찰서로 가야 한다는 사실을 알고 있었지만 꾸물거렸던 게 화근이 되었다. 경찰서에 가기 전에 비싼 반지를 잃어버릴 수도 있으니 손가락에 끼는 게 제일 안전하다고 여긴 그는 이 반지를 끼고 집으로 향하다가 잠시 술집에 들렀다. 술을 마시면서 그는 손가락에 낀 반지를 사람들에게 자랑하

우편물을
전달해 주는
우체부

였다. 선술집에서 함께 술 마시던 사람들은 그 반지가 2년 전에 죽은 부자 아담의 반지라는 것을 알아차렸다. 미카엘이 의심받는 것은 너무나 당연했다. 그는 꼼짝없이 아담을 죽인 살인 혐의자로 몰렸다.

미카엘은 반지를 끼고 있다가 다음날 돌려줄 생각이었다고 고백했지만 아무도 그의 말을 믿지 않았다. 심한 고문을 받은 끝에 그는 거짓자백을 하기에 이르렀다. 그리고 공개 장소에서 참수형을 선고 받았다.

미카엘은 죽기 전에 마지막 소원을 들어 달라고 했다. 자기가 편지를 전달할 때 탔던 말을 마지막으로 타고 싶다고 한 것이다. 그리고 소식을 알리던 우체부 나팔을 불게 해달라고 말했다. 시에서는 그의 소원을 들어주었다.

참수당하는 날 미카엘은 말을 타고 자기가 근무하던 지역을 한 바퀴 돌다가 죽은 아담의 조카 마티아스 집 앞을 지나가게 되었다. 마티아스는 그의 부인과 함께 창가에 몸을 기대고 미카엘이 지나가는 모습을 능청스럽게 바라보았다. 그러자 누명을 쓴 우체부 미카엘은 창에서 내다보는 마티아스에게 독설을 던졌다. 죽어서라도 진짜 살인자를 잡는 날까지 1년에 한 번씩 나팔을 불겠다고 말한 것이다.

미카엘이 처형되고 나서, 에슬링겐에 괴이한 일이 일어나기 시작했다. 누가 거리에서 우체부 나팔을 불기 시작한 것이다. 진짜 살인자 마티아스는 죄책감에 사로잡혔다. 그는 견디다 못해 삼촌으로부터 물려받은 재산을 팔아 다른 지방으로 옮겨갔고, 그의 부인은 고향에 남아 있다가 죄책감에 못 이겨 스스로 목숨을 끊었다.

마티아스는 다른 곳으로 도망은 갔지만 점점 더 큰 불안감에 휩싸였다. 후에 그는 신분을 세탁하여 다시 고향으로 돌아왔다. 하지만 다른 우체부가 말을 타고 나팔을 불며 거리를 오가는 소리를 듣지 않으면 안 되었다. 그는 옆에서 알아보기 힘들 정도로 점점 초췌한 모습으로 변해 갔다. 그러던 차에 병이 들어 시립 병원으로 옮겨졌다. 하지만 여기서도 나팔 소리를 피할 수 없었다. 한 목사가 어느 날 그를 방문했다. 이것이 마지막 기회라고 여긴 그는 목사에게 자기가 아내와 합작하여 삼촌을 죽였다며 범행을 자백했다.

이 이야기는 이 도시에서 전승되어 내려오다가 1844년 문더 Munder라는 목사가 정리하여 연극으로 올렸다. 오토 롬바흐Otto Lombach 라는 작가는 이 연극을 10년간 상영하였다. 이 도시의 시민들은 억울하게 죽어간 미카엘을 떠올리며 1916년에 그의 동상을 세웠다. 평소 우체부로서의 모습 그대로 말을 타고 나팔을 부는 모습이다. 그 동상은 억울하게 처형당한 그를 기억하고, 법정에서 심판을 내릴 때는 엄중한 판단을 내려야만 한다는 경고의 의미를 담고 있다.

생선 파는 여인

생산 파는 이 여인은 앉아 있는 모습이 매우 씩씩해 보인다. 아마도 한 가족의 생계를 책임지고 있는 가장이 아닌가 싶다. 그녀의 뒤에는 그녀의 경제력에 기대고 있는 많은 가족들이 있을 것이다. 장소는 베를린인데 많은 종류의 생선과 고기통, 고기를 건져 올리는 망, 햇빛 가리개, 때때로 마셨을 그녀의 음료통도 함께 보인다. 그녀에게서 우리나라의 해안 지방의 횟집 앞에 앉아서 생선을 파는 여인들의 모습이 겹쳐진다.

생선 파는
여인

가난을 관찰하는 사람

1830년 베를린에는 '가난한 이들을 관찰하는' 직업이 있었다. 가난한 이들을 거리에서 찾아내는 게 이들의 업무였다. 집집마다 다니면서 구걸하는 이들 역시 관리했다. 이들의 판단에 따라 '노동자의 집Arbeitshaus'으로 보내진 사람들은 함께 살며 노동을 하였다. 1822~1825년에는 2242명의 거지가 노동자의 집으로 보내졌다.

하지만 1839년도부터 경찰이 이 일을 맡으면서 이 직업도 사라져 갔다. 1846년 베를린에는 1만 2000명의 집 없는 떠돌이가 있었고, 1만 명 정도가 매춘부 생활을 하였으며, 가난한 병자들은 6000명이나 되었다.

또한 3500명 정도의 고아들이 있었고, 2000명 정도가 감옥에 갇혀 있었다. 그 중 1000명 정도가 노동자의 집에 기거했다고 하니 베를린의 1800년대 초중반은 중세와 별 차이가 없어 보인다. 중세 때도 거리에 거지가 많이 있었고 어두침침한 생활을 했기 때문이다.

길거리 거지나 부랑자를 관찰하다가 그를 노동자의 집으로 보내는 사람. 이들을 일컬어 '가난을 관찰하는 사람'이라고 불렀다

200

조각품을 팔러 다니는 사람

그림에서 보다시피 조각품을 팔러 다니는 사람이다. 대개는 이탈리아인들이었으며 1824년 4월 28일부터 허가를 받고 길거리에서 물건을 팔았다. 당시 조각품은 매우 고가에 속했다. 이 물건들을 거리에서 팔지 않고 후손에게 물려주었더라면 오늘날 그의 집안은 어마어마한 부자가 되었을 듯하다.

조각품을 팔러 다니는 장사꾼

신발 닦는 사람

장화나 부츠 닦는 사람이다. 주로 가난에 지친 수공업자나 이민 온 이들이 이 직업군을 택했다. 이 그림처럼은 아닐지라도 우리에 게도 과거 이런 신발닦이들이 거리에 있던 시절이 있었다.

길거리에서 신발을 닦아주는 사람

헌책 장수

　헌책 장수들은 대부분 책과 함께 길거리에서 살았다. 그의 옆에 있는 물건 더미는 책장수의 세간으로 보인다. 요즘도 벼룩시장에 가면 시장 귀퉁이에 책 파는 이들의 가게가 자리 잡고 있는 경우가 많다. 필자도 독일에 살 때 프랑크푸르트 벼룩시장에서 매우 귀한 책과 그림을 구입한 적이 있다. 그 책장수들의 전신으로 보아도 무방할 것 같다.

헌책 장수 중에는 길거리에서 생활하는 사람이 적지 않았다

채소 파는 여인

거리에서 채소 파는 여인의 표정이 익살스럽다. 채소를 사든지
말든지 별 상관하지 않겠다는 태도이다. 그게 아니면 화가 앞이라
일부러 포즈를 취해준 것일까. 베를린 시민들은 여인들이 파는 물
건보다는 농부가 직접 농사지은 작물을 갖고 나와 파는 것을 더
선호했다고 한다. 그래서 채소 파는 여인들은 농부의 아내처럼 꾸
미고 다녔는데 이 여인이 입은 넓은 치마도 농부의 아내 복장을
따라 한 것이다.

거리에서 채소 파는 여인

유모

유모의 표정이 어쩐지 독살스러워 보인다. 금방이라도 아이를 때릴 기세이다. 아니면 동화 속의 무서운 이야기를 아이에게 들려주면서 그 모습을 흉내 내고 있는 것일까?

1700년대 유럽 여인들은 자신이 낳은 아이에게 직접 젖을 먹이는 것을 혐오스러워했다. 그래서 당시 대도시에서 태어난 상류층 영아들은 유모를 따라 대부분 2년간 시골로 보내졌다.

유모가 되기 위해서는 까다로운 조건을 통과해야 했다. 모유를 먹이는 유모의 젖가슴은 어떤 특성을 가져야만 했다. 우선 신생아들이 젖을 먹기에 적당할 정도로 가슴 형성이 되어 있어야 했다. 너무 통통하거나 부풀어 터질 듯한 가슴은 탈락이었다. 단단해도 안 되고, 마디나 결정이 많아도 안 되었다. 축 늘어지거나 편편해도 안 되었다. 여자라고 다 유모가 될 수 있는 게 아니라, 특정한 조건을 갖춘 여인에게만 자격이 주어졌음을 알 수 있다.

또 젖꼭지가 단정하고, 적당한 크기여야 했다. 양쪽 젖가슴의 크기도 동일해야 했다. 그래야 아기가 균형 있게 젖을 빨 수 있기 때문이다. 유모는 절대 머리카락에 붉은빛이 돌아서도 안 되었다. 시간이 남아도는 여인들에게 젖먹이를 맡긴 게 아니라 조건을 갖춘 여인들에게만 유모권을 부여했던 것을 보면 유모가 되는 것도 그리 쉬운 자격은 아니었음을 알 수 있다.

1780년 파리에는 2만 1000명의 아이들이 태어났는데 그 중 1만 7000명의 영아들을 시골에 사는 유모에게 맡겼다. 시골로 보내지 않은 아이들 중 약 700명은 유모를 집에 데리고 와서 젖을 먹였고 약 2000~3000명의 신생아들은 영아원에 맡겼다. 단지 700명 정도의 영아들만 엄마가 직접 젖을 먹이고 키웠다.

1700년대 독일 함부르크에서는 4000~5000명의 여인들이 유모일을 하며 돈을 벌었다. 당시 귀족들은 아이들에게 젖을 물리는 것을 혐오스러운 일로 간주한 데다 유모를 둠으로써 자신은 더 많은 아이를 가질 수 있었기 때문이다.

시골 여인들은 이런 직업을 돈벌이의 수단으로 여겼다. 시골 여인들은 그녀에게 모유가 부족하면 집에 있는 소나 양젖을 먹일 수 있었기 때문에 유모일을 하는 데 그리 어려움이 없었다.

유모는 사실 근세에 생긴 직업이 아니라 그리스 로마 시대부터 존재한 오래된 직업이다. 당시도 유모의 가슴이 젖먹이에게 아주 중요했다는 것을 부정할 수 없다. 만약에 신생아의 엄마가 산후에 죽거나 혹은 모유가 나오지 않을 때도 유모가 필요했기 때문이다.

이런 서구의 자취가 후에 우리나라에도 흘러 들어와 한때 우리나라에서도 아이들을 우유로 키우는 집이 많았다. 그러나 이제는 어머니들이 영아에게 직접 모유를 먹이는 경우가 늘고 있다.

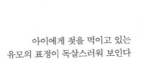
아이에게 젖을 먹이고 있는
유모의 표정이 독살스러워 보인다

식초에 절인 오이 파는 남자

여자가 아닌 남자가 채소 절임을 길거리에서 팔고 있다. 길거리
에서 이들은 "신사 숙녀 여러분 제가 직접 만든 오이 절임을 사세
요" 하고 외치고 다녔다. 돈벌이가 시원치 않은 이들은 가족과 아
이들을 대동하고 거리에서 다른 물건을 팔기도 했다.

식초에 절인 오이를 파는 사람

심부름 해주는 사람

이들은 구석진 곳에 서 있다가 남의 심부름을 해주었다. 화주를 파는 곳에서 멀리 떨어지지 않은 곳에 서 있다가 술 취한 이들을 부축하거나 아니면 물건을 혼자 들 수 없는 사람이 나타나면 도와주고 돈을 받았다. 말하자면 일일 노동자이다. 이런 직업인들에게 붙는 또 다른 이름은 게으름뱅이, 빈둥거리는 자, 술 잘 마시는 자 그리고 싸움질 하는 자라는 호칭이었다. 이들은 기회 닿는 대로 일하고 돈을 쥐면 대부분은 먹고 마시고 싸움질하는 데 단번에 써버렸다. 1830년 베를린에는 이런 직업군이 500~600명 정도 있었다. 이들이 팔에 걸치고 있는 번호판(213)은 무슨 뜻인지 잘 모르겠다. 상호 협조하면서 1번에서 213번의 순서대로 일을 하러 나갔다는 뜻인지, 아니면 팔에 붙은 번호가 이 사람의 이름을 대신하는지 알 수 없다. 1950~1960년대 서울역 앞에서 자주 볼 수 있던 우리의 일일 노동자들과 비교해도 무리는 없을 듯하다. 다른 점은 당시 우리의 지게꾼들은 게으름뱅이가 아니라 오히려 가족의 생계를 짊어지고 한 푼이라도 더 벌기 위해 나선 산업 역군이라는 점이다.

심부름
해주는 사람

담배 파는 사람

요즘은 담배가 건강에 해롭기 때문에 금연을 권장하는 시대이다. 하물며 청소년은 담배를 혼자서 살 수 없다. 그러나 당시는 아이들이 담배를 팔러 다녔다. 곤궁한 생활 때문이었으리라.

여기서 주목할 점은 담배도 나라마다 문화에 따라 다르게 평가한다는 점이다. 언젠가 독일에서 필자는 80대의 노교수와 30대의 중동에서 온 여학생과 점심을 함께했다. 80대 노교수가 담배를 태우자 이 여성도 담배를 피우겠다고 했다. 그러자 노교수가 그녀의 담배에 불을 빌려주었다.

동양인인 필자가 놀라자 이들은 필자를 뜨악한 표정으로 바라보았다. 마치 '아무 일도 아닌데 왜 그리 호들갑이냐'는 표정이었다. 식사 후에 커피 마시듯 담배도 태운다는데 무엇이 문제냐는 것이었다. 그들의 말이 옳았다. 문화는 각각 다르니 다름을 인정하는 것이 옳다.

담배 파는
어린 아이

베를린의 요리사

베를린의 요리사이다. 대도시인 베를린에서는 1700년대 말부터 두 번째 일요일 오후는 요리사가 쉬는 날로 정해져 있었다. 그림에서 보듯이 요리사는 요리할 때 입는 옷을 벗고 비싼 정장을 걸치고 외출하고 있다.

우리나라에서도 1950~1960년대에 가난한 집안의 딸이 부잣집에 들어가 일을 했다. 당시는 식모, 오늘날의 언어로 바꾸면 가사도우미이다. 가사도우미는 그 집에서 숙식을 하면서 집안의 잡다한 일을 처리하고 그 대신 숙식을 제공받고 월급을 받았다. 베를린의 요리사도 아마 비슷한 처지였을 것이다.

베를린의 요리사

빨래하는 여인

빨래하는 여인이 다른 여인과 실랑이를 벌이고 있다. 알고 보니 빨래하는 여자가 속옷을 빨아 묘지에서 말리던 중 그녀가 데리고 간 아이를 묘비 위에 잠시 올려놓았던 게 문제였다. 이것을 본 묘지 주인이 얼마 전에 새로 만든 묘비 위에 왜 아이를 올려놓았냐고 아이 어머니를 책망하고 있는 모습이다.

빨래하는 여인

오물 버리는 여인

1826년의 베를린이다. 당시는 변소가 없어서 가족이 배설한 대소변을 모아 주부가 밤에 공동 오물 수거소에 버렸다. 물론 귀족들은 여기에 해당하지 않고 신분이 낮은 계층의 이야기이다. 공동 오물 수거소로 향하는 그녀의 표정이 무척 힘들어 보인다. 지독한 냄새 때문이었을 수도 있고, 무거워서일 수도 있다. 중세 때는 소변을 아침에 창문 밖으로 그냥 쏟아 붓는 일도 허다해서 길을 더럽히고 요강이 함께 떨어져 지나가는 이들이 다치기도 했다. 중세를 지나 몇 백년이 흘러 배설물에 대해 생긴 대책이 도시의 공동 오물 수거소인 듯하다.

오물 버리는 여인

안경과 우유, 엉겅퀴를 파는 사람

"안경 사시오! 우유 왔어요! 엉컹퀴 사시오!" 1749년 취리히의 장 사꾼의 모습이다.

1700년대 취리히의 장사꾼.
윗줄 왼쪽부터 시계 방향으로
안경과 엉겅퀴, 우유를
팔고 있다

취리히의 잡동사니를 파는 사람

1751년 취리히에서 벽난로 집게, 겨울 부츠, 살찐 돼지를 파는 한 남자의 모습이다. 그림 설명에 의하면 같은 사람인데 모습은 계절에 따라 달라 보인다. 그는 한 가지 물건만 팔지 않고 여러 가지 물건을 팔았으며 때로는 편지를 전달하는 일을 하기도 했다.

그는 계절에 따라 여러 가지
잡동사니를 팔고 때로는
편지를 전달하는 사환 일을
하기도 했다

배와 석탄을 파는 사람

1749년 스위스 바젤의 장사꾼들이다. 여인은 달콤한 배를 팔고 남자는 석탄을 팔고 있다.

왼쪽부터 배를 파는 여인,
석탄 파는 사람

소시지 파는 사람

　1775년 빈에서 소시지를 파는 사람이다. 소시지는 식료품이었기 때문에 길거리 상인들은 나름의 규율을 정해 복장을 단정히 하고 물품을 깨끗하게 관리하려고 노력하였다. 그의 옷차림도 비교적 깔끔해 보인다.

소시지를 팔러 다니는 사람

고물 줍는 여인

1790년 뉘른베르크에서 고물 줍는 여인. 고물 줍는 사람은 길거리 상인들 중에서도 가장 생활이 어려운 최하 빈민층이었다.

고물 줍는 여인

이쑤시개 파는 여인

1800년 오스트리아 빈에서 이쑤시개 파는 여인이다. 식사 후에 이쑤시개를 찾는 사람들이 많았기 때문에 수요는 항상 있었다. 장사꾼은 상당히 젊은 여인 또는 소녀처럼 보인다.

이쑤시개 파는 여인

월계수 잎과 나무 시계 파는 사람

　1810년 빈의 길거리 풍경이다. 장사꾼들이 잠시 길을 멈추고 대화를 나누고 있다. 그들의 대화를 엿들을 수 있을 것처럼 그림이 생생하다.

나무로 만든 시계를 파는 장사꾼

월계수 잎을 파는 사람

이야기 나누는 여인들

4명의 여인이 잠시 쉬면서 담소를 나누고 있는데 이들은 평소에 친분이 있었던 것 같다. 장사꾼들끼리 길거리에서 만나 서로 인사를 나누는 모습은 상당히 인간적으로 보인다. 1810년 빈의 거리 풍경이다.

담소 중인 여인들

그림과 노래 파는 사람

1810년 빈에서 그림과 노래를 파는 사람이다. 그의 뒤를 따르는 견습생은 장인이 먹을 음식을 들고 서 있다.

빈에서 그림과 노래 파는 사람

코펜하겐의 생선 장수

　1800년 덴마크의 코펜하겐에서 생선을 팔고 있는 여인. 예전의
생선 장수들에 비해 그녀의 복장이 세련돼 보인다.

코펜하겐의 생선 장수

버터 통 장수

1740년 괴팅겐에서 나무로 만든 단지와 버터 통을 파는 장수이다. 여인이 하루 종일 짊어지고 다니기에는 무거웠을 것으로 보인다.

괴팅겐의 버터 통 장수

사랑의 편지를 팝니다

　1793년 라이프치히에서 사랑의 편지를 팔러 다니는 장사꾼이
다. 편지지에 사랑의 글을 미리 적어 놓고 팔았는지 아니면 연애
하는 이들의 구미에 맞춰 문구를 새로 적어서 팔았는지 궁금하다.

사랑의 편지를 팔러 다닌 장사꾼

양파 장수

1793년 독일의 라이프치히에서 양파 파는 사람이다. 다른 장사
꾼들보다 유독 삶의 무게가 무거운 것인지 매우 지쳐 보인다.

양파를 파는 사람

잡화를 파는 파는 사람

1660년 볼로냐에서 잡화를 파는 사람이다. 그는 장애를 지녔지만 입에 풀칠이라도 하기 위해서 고무줄과 바늘을 팔러 길거리에 나온 것 같다. "아름답고 정숙한 여인은 좋은 바늘을 삽니다"라고 외치며 거리를 돌아다녔다고 한다.

헌 모자와 기구 파는 사람

노래하는 새 사세요

1690년 "노래하는 새 사시오"라고 말하고 다니던 새 장수의 모습이다.

노래하는 새를 파는 사람

유리 트럼펫 파는 사람

유리로 만든 트럼펫을 파는 사람으로, 1690년 빈의 모습이다.
유리로 만든 악기에서는 어떤 소리가 났을지 궁금하다.

유리로 만든 트럼펫을 불고 있다

다용도 끈 사세요

1690년, 아이들이 다용도품인 끈을 팔러 다니고 있다. 당시는
어린 아이들도 일찍부터 장사에 나선 경우가 많았다. 먹고 살기
힘든 데다 제대로 된 직업을 구할 수 없었기 때문이다.

"다용도 끈 사세요" 하며 아이들이 장사를 하고 있다

살찐 오리 팔아요

1799년 살찐 오리를 파는 함부르크의 오리 장수이다. 장사꾼
이 고객을 향해 약간 강매하는 듯한 모습이다. 아니면 고객인 노
부부가 오리가 정말 통통한지 살펴보는 중인지도 모른다. 하여튼
세 사람 모두 좀 익살스런 표정이다. 통통한 오리를 많이 먹어서
그런지 장사꾼의 볼록한 배도 익살을 돋운다.

살찐 오리 파는 사람

죽음을 알리는 여인

1799년, 길거리에 서 있는 여인의 표정이 매우 슬퍼 보인다. 그
도 그럴 것이 그녀는 얼마 전에 공개적으로 사형당한 이들이 누구
인지 사람들에게 알려주는 일을 하고 있기 때문이다.

죽음을 알리는 여인

성냥팔이 소년

1804년 거리의 성냥팔이 소년의 모습이다. 조명이 없던 시절 성냥은 집을 밝힐 수 있는 중요한 도구여서 찾는 사람들이 많았다.

성냥팔이 소년

거리에서 연주하는 사람

1820년 거리에서 춤추거나 음악을 연주하며 살아간 사람이다. 불편한 한쪽 다리로 먹고살기 위하여 거리를 누비고 다녔을 그의 모습이 안쓰럽다.

거리에서 춤추며 먹고 사는 사람이다

땜장이

 1820년에 그려진 이 그림 옆에 이 사람의 이야기가 적혀 있어 옮겨 본다. 그는 몇 년 전에 왼쪽 팔에 마비가 와서 팔을 쓸 수가 없었지만 먹고 살기 위해서 땜질을 계속할 수밖에 없었다고 한다. 하지만 수입이 별로라서 생활은 늘 빈곤했다고 한다. 그림 그리는 사람이 특정 모델을 쓰면서 모델의 인적사항도 함께 기록한 것이 이채롭다.

삶의 무게에
지쳐 보이는
땜장이

복권 파는 사람

1806년 함부르크의 거리에서 복권 파는 사람. 주로 유대인들이
이 직종에서 일했다.

"복권 사세요! 행운의 복권입니다"

개털 깎는 사람

  개털을 깎고 있는 여인의 모습이 진지해 보인다. 이 여인은 길거리에 작은 공간을 만들어 놓고 동물의 털을 깎고 있다.

개털 깎는 여인

빗자루 장수

　머리에 빗자루를 이고 팔러 다니는 여인의 복장이 특이하다. 당시에 유행하던 옷이었을까? 아니면 비가 내릴 때 빗자루가 빗물에 젖지 않게 하려고 저런 옷을 입었을까? 그녀의 사연이 궁금하다.

빗자루 파는 사람

과일과 꿀 파는 여인

　과일과 꿀을 파는 이 여인은 장사하는 여인답지 않게 표정이 매우 요염하다. 아마도 화가가 특별히 아름다운 여인을 골라서 포즈를 취하게 한 듯하다.

과일과 꿀 파는 여인

레몬주스 팔아요

'레몬주스를 팔러 다니는 남자'라는 그림 설명이 붙어 있지만 낮술을 한 잔 걸치고 비틀거리며 걷는 술주정뱅이처럼 보인다. 레몬주스에 취한 것은 아닐 테고, 다른 곳에서 이미 한 잔 했는지도 모르겠다.

레몬주스 파는 사람

물장수

이 물장수는 강에서 새 물을 떠와 팔고 있다. 산업화가 진행되면서 도시에는 물을 사먹는 사람이 갈수록 늘어났고 물장수의 수입도 괜찮았다.

물장수

함부르크의 생선 장수

함부르크의 생선 장수이다. 그가 짊어지고 있는 생선 크기가 놀랍도록 크다. 건조 생선인 듯한데 정확한 명칭은 나와 있지 않다.

함부르크의 생선 장수

함부르크의 뱀장어 장수

　함부르크에서 뱀장어를 파는 여인이 뱀장어를 손에 들고 호객 행위를 하고 있다. 그녀의 옆에 있는 통에도 뱀장어가 가득 들어 있다.

함부르크의 뱀장어 장수

빈의 신발 장수

　신발 장수인 그는 파이프를 입에 물고 막대기를 짚고 다니며 거리에서 장사를 하고 있다. 외관상으로는 장사꾼이라기보다는 알프스 등지를 여유 있게 도는 낭만적인 남성으로 보인다.

신발 장수

빈의 우유 장수

1810년 오스트리아 빈의 모습이다. 보도자료를 전달하는 사람 옆에 염소 우유 파는 여인이 서 있다. 우유 장수는 여자들이 많았다.

우유 장수

과거는 미래를 보는 창

기억의 풍경

필자의 고향인 대구에도 큰 시장이 몇 개 있다. 그 중 하나가 칠성시장이다. 서문시장에 비해 이 시장은 다소 우중충해 보이지만 안으로 들어가면 구경거리가 매우 많다. 필자는 과거의 유럽의 장사꾼들이 거리에서 장사하던 분위기와 칠성시장의 분위기가 유사하다는 생각을 떨칠 수가 없다.

당시 필자의 아버지는 성내에 한약방을 개업해 식구들이 모두 그쪽으로 이사 갔지만 필자는 혼자 고향에 남겨졌다. 후에 해석해 보니 가족 모두가 성내로 떠나고 나면 할머니를 혼자 계시게 할 수 없다고 맏손녀인 필자를 할머니 옆에 붙여둔 듯하다. 그때는 도시로 간다는 말을 쓰지 않고 성의 안(城內)으로 간다는 뜻으로 성내에 간다고 하였다. 그럼 대구의 칠성시장은 성의 안에 있었다는 의미인데 확실하진 않다. 다만 기억의 창고에 저장된 어른들의 언어를 필자는 답습해 쓰고 있을 뿐이다.

당시 필자의 고향 지산동에는 뒤에는 산, 앞에는 큰 개울이 있었다. 이 개울을 따라 가옥들이 일자형으로 열을 지어 서 있었는데 이 마을에 들어가기 위해서는 '수성못'을 통과해야만 했다. 이 마을은 양씨 집성촌이었다. 앞에 흐르는 냇가에는 몇몇 가구가 함께 쓸 수 있는 공동 우물터가 여럿 있었고 이런 우물 안에는 가재가 살고 있을 정도로 늘 물이 맑고 청량했다. 양가 집성촌이다 보니 마을 사람들 모두가 친척이었고 덜 가깝고 더 가까운 차이밖에는 없었다.

기억에 남은 이름들을 나열해 보면, 항남 아지매, 도우 아지매, 봉산 아지매, 원동띠기(댁), 주촌띠기(댁), 봉산띠기(댁) 등이 있다. 우리 할머니의 택호는 낙산띠기(댁)이었다. 어느 곳에서 시집을 왔느냐에 따라서 택호를 붙였다고 하던데, 낙산은 어느 곳의 지명인지 궁금하다. 또 항남, 도우, 봉산은 어느 곳을 지칭하는 말일까? 당시 어른들이 그렇게 불렀기에 그냥 따라 불렀지만 지금은 무척 궁금하다. 어느 책의 제목처럼 '지금 알고 있는 것을 그때도 알았더라면' 분명 나는 이 택호의 유래를 조사하고 연구했을 것이다. 물론 양씨 집성촌의 유래도 파헤쳤을 것이다.

필자는 이 마을에서 할머니와 함께 초등학교 2학년 때까지 살았다. 마을 뒤에 있던 산을 마을 사람들은 '뒷산'이라고 불렀다. 동네 집들과 가장 가까운 산의 뒷담 쪽에는 거대하게 우거진 대나무 숲이 마을을 지켜주고 있었다. 필자의 집 뒷담에도 대나무 숲 곁에 오래된 고목나무가 하나 서 있었다. 바로 석류나무였다. 오래된 그 석류

나무에 얼마나 많은 석류가 열렸는지 생생하게 기억이 난다. 세월이 많이 흐른 지금도 벌겋게 익었던 석류들이 눈에 아른거린다. 할머니는 뒷담의 대나무 숲에 있는 고목에서 석류가 열릴 날을 늘 고대하셨다. 잘 익은 석류를 따다가 성내의 칠성시장에서 팔았기 때문이다.

그때 필자가 시장에 가시는 할머니께 늘 드렸던 부탁이 있다. 칠성시장에서 석류를 판 돈으로 과자를 사달라는 것이었다. 시골에서는 주전부리로 과자가 귀했다.

"할매예 석류 팔면 꼭 과자 사가지고 와야데예." 그러면 할머니는 늘 "그래 꼭 사오꾸마" 하셨다.

할머니가 석류를 팔러 칠성시장으로 떠나신 날은 과자 사올 할머니를 하루 종일 기다렸다. 저녁나절에 저 멀리서 머리에 뭔가를 이고 오는 할머니가 보이면 쫓아가서 먼저 물었던 말이 "할매예 과자 사 왔어예"라는 말이었다. 그러면 할머니는 거의 늘 이렇게 대답하셨다.

"아이구 야야 니 과자 사줄려고 했디만은 시장에 있는 과자 장수들이 다 얼어 죽었뿌렀드라. 그래서 니 과자를 못 사 왔단다."

필자가 당시에 할머니에게 과자를 얻어먹었는지 아니면 늘 이런 할머니의 속임수(?)에 넘어갔는지는 기억이 희마하다. 과자 얻어먹은 기억보다는 과자 장수가 얼어 죽었다는 말을 더 기억하고 있는 것을 보면 아마도 열 번 중 한두 번 정도만 과자를 사주셨던 것 같다. 당시는 할머니의 빈손이 섭섭했지만, 사실 과자 장수가 얼어 죽었다는데 별 도리가 없기에 수용해야만 했다. 필자는 어렸지만 너무 추우면 사람이 얼어 죽을 수 있다는 것을 알고 있었기에 할머니가 하신 말씀을 액면 그대로 믿었다.

세월이 흘러 지금 생각해 보면 할머니는 손녀를 고의로 속이신(?) 듯하다. 그 날 석류를 판 돈으로 손녀의 과자 값을 지출하기보다는 생필품인 비누 등을 구입하려고 했던 것 같다. 빠듯했던 시골 살림살이 때문이었으리라.

필자의 할머니에 대한 기억의 조각들은 몇 백 년 전 유럽의 거리의 상인들이 물건 하나를 더 팔겠다고 소리치고 다녔던 모습과 겹쳐진다. 필자의 할머니도 그러셨을 것이다. 시장 귀퉁이 어디에선가 자리를 잡고 지나가는 행인들에게 "석류 사이소"라고 외쳤을 것이다. 필자가 바로 수십 년 전 할머니가 과자 사오길 기다렸듯, 이 책 속에 등장한 여인들에게도 파장 후에 필자처럼 과자 사오길 기다리고 있는 손녀나 자식들이 있었을지도 모른다는 상상이 이 글을 집필하는 내내 떠나지 않았다.

또 다른 이야기 하나는 살아 있으면 100세가 넘었을 필자의 고모의 이야기이다. 지극히 개인적인 이야기이지만 40년 전 우리 문화사의 일부라는 생각이 들어 여기에 엮어 본다. 그땐 잘 몰랐지만 지금 생각해 보면 필자의 고모도 일종의 '보따리장수'이셨던 것 같다. 할머니가 아직 살아 계셨을 때 고모는 자주 우리 집에 들렀다. 그때마다 전국을 돌아다니며 물건을 판 이야기를 할머니 앞에 주저리주저리 풀어놓았다. 필자는 옆에서 그냥 듣기만 하였는데도 기억의 창고에 이야기 몇 개가 남아서 맴돌고 있다. 경상도 산골 지방으로 가서 물건을 많이 팔았다는 이야기며, 많이 깔려 있던 외상값을 이번에 좀 수금할 수 있었다는 이야기, 지난번에 비해서 물건을 좀 더 많이 팔 수 있었다는 이야기, 그리고 고객 중에서 특이한 가정사 이야기 등이 끝없이 이어졌다. 물론 두 분이 주고받는 이야기를 모두 이해할 수는 없었지만 일부 이야기는 아직도 생생하게 기억에 남아 있다.

당시 필자는 너무 어려서 누구나 다 그렇게 사는 줄 알았는데, 지금 유추해 보니 우리 고모도 생활 전선에 뛰어든 장사꾼이었던 것 같다. 강한 생활력으로 억척스럽게 살았던 고모는 말년에 종교에 귀의해서 편안하게 살다 가셨고, 고모의 덕택이었는지 그 후손들도 지금은 잘 살고 있다.

앞에서도 몇 번이나 언급했지만 몇 십 년 전만 해도 우리나라 거리에는 된장 팔고 고추장 파는 아주머니들이 많았다. 당시 필자는 어린 마음에 '저렇게 남의 집 된장을 이리저리 모으면 얼마나 불결할까'라고 생각한 적이 있다. 지금은 그렇게 모인 된장이 오히려 아주 좋은 건강식품이라는 것을 알고 있다. 이제는 집에서 직접 담근 된장을 구입하기 어렵기 때문이다. 당시는 서양처럼 근대화를 추종할 때라 더 그랬는지도 모른다.

밤거리에서 물건을 파는 사람도 잊을 수 없다. 중세 이래 유럽인들이 밤에 오블라텐을 팔러 다녔듯 우리나라에도 골목을 누비며 "메밀묵 사려, 찹쌀떡 사려" 하는 장사꾼들이 돌아다녔다. 사실 지금 유럽인들은 여기에 소개한 거리의 문화를 우리처럼 생생하게는 기억할 수 없을 것이다. 우리에게는 몇 십년 전의 이야기이지만 유럽인들에게는 이미 수백 년도 전의 이야기이기 때문이다.

십년 전쯤 필자는 독일인 20여 명과 3주간 이스라엘 여행을 한 적이 있다. 여행 중에 예루살렘에서 자유시장을 구경하게 되었다. 이 시장을 보게 된 독일인들은 진기한 풍경이라고 찬사를 그치지 않았다. 이들이 평소에 보지 못한 풍물이기에 그러했으리라. 하지만 동양 인인 필자는 매우 덤덤하다 못해 시시했다. 우리의 동대문 시장이나 남대문 시장에 비하면 예루살렘의 이 시장은 소꿉놀이 장으로 여겨 도 될 작은 시장이었기 때문이다. 아니 우리의 시골 장보다도 규모 가 작았다. 유럽인들은 교회 앞에서 열리는 토요일 오전의 주말 시 장을 제외하고는 이런 거대한 시장을 본 적이 없기 때문에 더욱 경외 감을 가지고 구경한 듯하다. 물론 그들이 자신들의 200~300년 전의 문화를 소소히 기억하고 공부한다면 자신의 조상 중에도 이런 시장 이나 거리에서 장사를 하고 밥 벌어 먹고 살았다는 사실을 알았을 텐데 말이다.

문화와 역사가 된 거리의 풍물

각 나라마다 한 시대의 풍물이 존재한다. 이런 것들이 쌓이고 쌓 여서 각 나라의 문화가 되고 역사가 된다. 1960년대인가 1970년대 인가, 처음 우리나라에 고속버스가 생겼을 때는 객차 안에 여승무원 이 따로 있었고, 간간히 음료수를 승객들에게 돌리기도 했다. 달리 는 고속도로에서 유명 관광지가 보이면 여승무원은 마이크로 안내 방송을 했다. "왼쪽을 보시면…오른쪽으로 고개를 돌려 보시면 보이 는 저것이 바로…."

이때 그녀들의 목소리가 한껏 기교를 부린 코맹맹이 목소리였다 는 것을 중장년층들은 기억할 것이다. 아마도 교육을 담당했던 쪽에 서 그런 어투가 당시 최고의 세련미라 생각하고 그런 코맹맹이 어투 로 말을 하라고 지시를 하였을 것이다.

고속버스 안내원을 지금의 비행기의 승무원과 견줄 수도 있다. 전자의 공간이 고속버스 안이었다면 후자의 공간은 비행기 안이라는 사실이 다를 뿐이다. 인천공항에서 유럽 가는 비행기를 타면 승무원들이 제공하는 음식이 바로 고속버스의 음료였을 터이고, 질 좋은 서비스가 바로 관광지 안내방송이었다고 봐도 무리는 없을 듯하다.

몇 십 년 전의 기차에도 남다른 풍물이 새겨져 있었다. 기차가 간이역에 도착하면 사과 파는 이들이 주르륵 달려와 차창 밖에서 "사과 사이소"라고 외쳤다. 특히 대구는 능금(사과)이 유명해서 이 주변의 역에 기차가 도착해 승객이 타고 내리는 동안 많은 사과 장수들이 기차 창쪽으로 우르르 몰려들었다. 당시 이들이 손에 들고 팔았던 사과는 봉지에 든 것이 아니라 10개 정도의 사과를 실로 엮은 것이라서 신선도를 가늠하기에도 매우 좋았다.

동남아 여행을 다녀온 사람들은 잘 알 것이다. 여행객들이 배를 타거나 내리거나 할 때, 어느 구석에 있었는지 장사꾼들이 우르르 몰려와 자기 물건을 사달라고 조르는 풍경을 자주 접했을 것이다. 우리의 몇 십 년 전의 모습이 여기에 겹쳐진다. 동남아는 외국 여행객들을 상대로 하고, 우리는 같은 한국인을 상대로 물건을 팔았다는 점이 다를 뿐이다. 지금 젊은 세대들은 이런 이야기를 책으로만 접할 것이다.

유럽의 화가들이 이런저런 장사꾼들의 그림을 생생하게 남겨 놓았듯이, 우리도 40년 전의 장사꾼들의 모습을 그림으로 남겨 놓았다면 얼마나 좋았을까? 이미 우리에게도 옛 자료가 많은데 필자만 모르고 하는 소리인지 궁금하다. 백문이 불여일견(百聞不如一見)이라는 말을 이런 기회에 좀 써야겠다. 백 번 설명하는 것보다도 당시의 그림 하나를 보면 시대적인 분위기나 상황을 파악하기에 좋기 때문이다. 문학 작품도 마찬가지이다. 1970년대의 이문구의 『관촌수필』 등이 이 부류에 속한다.

그런 의미에서 최근에 우연히 읽게 된 인터넷 기사가 떠오른다. '길거리의 화가' 김미경에 대한 기사이다. 그녀는 주로 사라져가는 거리의 여러 가지 모습을 화폭에 담고 있었다. 서울의 인왕산 동쪽, 경복궁 서쪽에 자리한 서촌 안의 적산가옥과 무너져가는 한옥의 담벼락이나 양철지붕, 현대의 (콜로세움에 비견할) 콘크리트 건물인 빌라, 이층 양옥집이 그녀의 화폭에 고스란히 담겨 있다. 그녀는 다 찌그러진 판잣집은 물론, 이런 집들과 절묘한 조화를 이루고 있는 기와집까지도 포함시켰다. 그녀의 그림이 놀라운 것은 단순히 집만을 그린 것이 아니라 부수적으로 딸린 전선줄이라든지 에어컨 설치 때 쓰는 기기, 찌그러져가는 집 주위에 놓여 있는 자질구레한 모든 풍경 등을 하나도 빼놓지 않고 정교하게 묘사했다는 사실이다. 그녀의 관심사가 길거리에서 보이는 낡고 세련되지 못한 것들이기 때문이다.

그녀가 거리에 쪼그리고 앉아서 이런 그림들을 그리고 있으면 사람들의 반응이 다양했다고 한다.

"아이고, 다 허물어진 우리 동네 뭐 예쁘다고 그렇게 그리고 앉았어요? 그릴 게 있어요?"

"와~그려 놓으니 실제 집보다 훨씬 정겹네."

"여기 오래 살았는데 그림 그리는 사람 처음 봐요. 너무 신기하네."

다 허물어져 가는 풍경에 눈독을 들이는 그녀를 필자는 유럽의 중세의 문화 속에 나오는 화가들과 견주고 싶다. 우리가 점점 잊고 하찮게 여기는 것들을 화폭에 담고 있으니, 그녀는 한국의 사라져가는 귀퉁이 문화를 후손들에게 남기는 거대한 작업을 하고 있다고 생각된다. 상상해 본다. 중세의 화가들이 거리에 쪼그리고 앉아서, 혹은 서서, 거리의 장사꾼들 그림을 그리고 있었을 때, 이것을 본 사람들 역시 위의 김미경 화가의 그림과 비슷한 반응을 보였을 지도 모른다. "왜 저런 그림 같지도 않는 그림을 그리고 있단 말인가? 별 이상한 사람도 다 보았네! 그림을 그리려면 진짜를 그리지!"라고 말이다. 하지만 이런 화가들의 엉뚱한(?) 그림들이 몇 백 년이 흐른 지금 유럽 문화사 안에서 어떤 역할을 하고 있는지 돌이켜보라!

지금이라도 늦지 않았다. 보다 많은 화가들이 나서서 사라져가는 우리의 길거리 문화와 풍경을 정교하게 스케치 해두면 좋겠다. 그렇게만 된다면 몇 백 년 후의 후손들이 그림을 들여다보면서 '문화' 연구를 하는데 많은 도움이 될 것이다. 물론 성능 좋은 카메라가 모든 것을 담을 수 있겠지만 직접 그린 그림은 또 다른 분위기를 뿜어내기 때문에 그림이 절실히 필요하다. 그렇게 되면 동양인인 필자가 지금 당시의 유럽의 길거리를 연구하듯이, 몇 백 년이 흐른 후 동남아의 학자가 우리의 길거리 문화를 연구할 수도 있겠다는 상상을 해본다.

필자는 김미경 화가 외에도 많은 화가들이 나서서 우리의 전통시장과 포장마차에서 술을 마시는 모습, 5일 장날에 할머니들이 구석진 곳에 앉아서 들고 나온 농산물을 파는 모습들을 많이 그릴 수 있기를 개인적으로 간원한다.

마지막으로 2015년 5월의 경향신문에 실린 기사를 옮겨 본다. 기생충학자인 서민 교수의 글이다. 이런 글을 통해서도 지나간 우리의 모습을 엿볼 수 있다.

〈내가 초등학교를 다니던 시절에는 전 국민의 기생충 감염률이 80%를 넘나들었다. 거리에서 약을 팔던 약장수들이 구경하던 아이 한 명을 무작위로 불러내 회충약을 먹이면, 그 아이의 항문에서 회충이 떼거지로 배출되곤 했다. 같은 반 아이들 중 상당수가 기생충에 걸려 약을 먹어야 했지만, 난 초등학교를 다니는 동안 단 한 번도 양성으로 나온 적이 없었다. 그때는 다행이라고만 생각했지만, 돌이켜 생각해 보니 내겐 장차 기생충학자가 될 자질이 있었던 모양이다. 고양이 앞에 선 쥐가 도망칠 생각을 못한 채 몸을 떨고 있는 것처럼, 전 국민의 80% 이상을 삼켰던 기생충도 감히 내게는 들어올 생각을 못했으니까.〉

100년 후 우리 후손들은 지구를 어떻게 활용하면서 살게 될까? 그때는 지금의 스마트폰도 초창기의 핸드폰처럼 구식이 될 것이 당연하다. 후세인들은 손에 어떤 모양의 기기를 들고 있을까? 그들은 어떻게 살까? 어디서 들은 이야기기인데 지나간 1000년의 세월은 오늘날의 100년과 맞먹고, 100년은 10년과, 10년은 1년과, 1년은 바로 3개월과 맞먹는다고 한다. 문화사를 연구하는 학자로서 필자는 다가올 미래가 너무나 궁금하다. 그리고 우리의 현재 거리의 문화가 후대에 어떤 모습으로 비춰질지 궁금하다.

* F.-B. 되르벡, 『베를린의 아우스루퍼』, 베를린, 1979
* H. 베른드트, 『독일의 전설들』, 뒤셀도르프/빈, 1985
* C. P. 마우렌부레허, 『유럽의 장사꾼들 1』, 도르트문트, 1980
* C. P. 마우렌부레허, 『유럽의 장사꾼들 2』, 도르트문트, 1980
* G. 구부르, 『함부르크의 아우스루퍼』, 라이프치히, 1938
* 『함부르크 역사를 위한 박물관 : 함부르크의 아우스루퍼. 시장에 나오는 시골 장사꾼』, 함부르크, 1973
* G. 브란더, 『함부르크의 지게꾼, 꽃파는 소녀 그리고 구두닦이』, 라이프치히, 1988
* U. 베르크바일러, 『유럽 도시들의 아우스루퍼』, 뮌헨, 1978
* A. J. 구르예비취, 『중세인들이 살아가는 모습』, 뮌헨, 1997
* B. 헤르만(Hrg.), 『중세의 인간과 환경』, 비스바덴, 1999
* B. 헤르만, 「중세인들의 변소」, in 『중세의 인간과 환경』, 비스바덴, 1999
* 『독일 우편물의 문서』, 프랑크푸르트, 1985
* F. 마이어, 『중세의 인간과 동물』, 슈투트가르트, 2008
* K. S. 크라머, 『1500년경의 잘츠부르크의 일상인들의 삶:서약, 시장, 세금에 대해서』, 뷔르츠부르크, 1985
* S. 소프, 『거리의 장사꾼들』, 프랑크푸르트, 1976
* J. L. 고프(Hrg.), 『중세의 인간』, 에쎈, 2004
* J. C.W. 로젠베르크, 『옛 베를린의 아우스루퍼』, 라이프치히
* www. google.de

중세의 길거리의 문화사

중세 서민들의 생활사, 길거리의 장사꾼 이야기

1판 1쇄 발행 2015년 9월 21일
1판 2쇄 발행 2017년 5월 20일

지은이	양태자
펴낸이	이영희
펴낸곳	도서출판 이랑
주소	서울시 마포구 독막로 10 (합정동 373-4 성지빌딩) 608호
전화	02-326-5535
팩스	02-326-5536
이메일	yirang55@naver.com
블로그	http://blog.naver.com/yirang55
등록	2009년 8월 4일 제313-2010-354호

- 이 책에 수록된 본문 내용 및 사진들은 저작권법에 의해 보호받는 저작물이므로
  무단전재와 무단복제를 금합니다.
- 잘못된 책은 구입하신 곳에서 바꾸어 드립니다.
- 책값은 뒤표지에 있습니다.

ISBN 978-89-98746-12-4 (03920)

「이 도서의 국립중앙도서관 출판예정도서목록(CIP)은 서지정보유통지원시스템 홈페이지(http://seoji.nl.go.kr)와
국가자료공동목록시스템(http://www.nl.go.kr/kolisnet)에서 이용하실 수 있습니다.
(CIP제어번호: CIP2015023456)」